漢字と日本語

高島俊男

講談社現代新書

2367

目次

I 「漢語」のはなしから ——— 9

この本はどこから読んでくださってもけっこうです。各項独立です。——著者

I　「漢語」のはなしから

「漢語」のはなしから

雑誌や本を読んでいると、ときどき「漢語」ということばが出てくる。ふつうの人がふつうに使っているところである。「あいつの話は漢語が多くて……」とか「漢語だらけの演説」とか——。「むずかしい漢字語」といったふうな感じであるようだ。

小学館『大辞泉第二版』('12・11)の「漢語」を引いてみた。

〈①日本語の中で、字訓ではなく、字音で読まれる語。また、字音で読まれる漢字から成る熟語。昔、中国から伝わり日本語として定着したもののほかに、日本で作られたものもある。字音語。↓和語《わご》 ②中国の漢民族の言語。中国語。〉

ていねいな説明ですね。わたしは平生②の意味で用いるが、以下はもっぱら①について申しあげます。

辞書には、「そうであるべき（はずの）意味を示す」規範の役目と、「実際にそう用いられている意味を示す」役目という、時には必ずしも一致しないこともある二つの役がある。見坊豪紀《けんぼうひでとし》先生は、前の役目を「鑑《かがみ》」と、後の役目を「鏡《かがみ》」と言われたそうだ。

右の「漢語」の説明は、どちらかと言えば、前者つまり規範のほうにかたむいている感じがある。と言って、「あいつの話は漢語が多くて……」などというばあいの、ふつうの人がふつうに用いている「漢語」の意味やニュアンスを辞書で説明せよと言ってもむずかしかろうから、やむを得ないでしょうけれど。

たとえば上にわたしは「ふつうの人」「ていねいな説明」と書いた。この「ふつう（普通）」「ていねい（丁寧）」は右の辞書の説明にある「字音で読まれる語」であるから「漢語」である。しかし人が「あいつの話は漢語が多くて……」とか「漢語だらけの演説」と言うばあいの「漢語」には、「ふつう」や「ていねい」は含まれないだろう。むしろ「ふつう」や「ていねい」は、「子どもでもわかるやさしいことば」のほうに入るだろう。

一般に用いられている「漢語」ということばには、「耳で聞いただけではちょっとわかりにくい」といったニュアンスがあるような気がする。

やさしい「漢語」はいくらでもある。

「おげんきですか」「いいお天気で」「だいじょうぶです」「いいあんばいに」「つごうよく」「平気々々」「ちゃんとごあいさつ」「おりこうさん」「ごちそうさま」等々。

一字の語も多い。

「駅を出たら」「急に雨だ」「運がよかった」「用がある」「絵をかく」「お肉がすき」「縁がなかった」「お礼に来ました」「だいぶ損した」「お役ごめん」など。これらも一般には「漢語」と意識されることはないだろう。

上に引いた辞書に「漢語」は「字訓ではなく、字音で読まれる語」とある。その通りである。

しかし日本語では、漢字は久しく使われていて、しかも人はいちいち「これは字音だ」「これは字訓だ」と意識して使ってきたわけではないから、なかなかそう辞書が言うようにハッキリわかるものではない。

右に「絵をかく」の「絵」をあげた。かなり漢字の素姓を知っている人でも、「絵画」の絵《かい》は字音だが絵《え》は字訓だと思ってました、と言うことがある。絵と会は同音だが、「会《え》釈《しゃく》」「会《え》得《とく》する」と言うように字音である。会《かい》・絵《かい》は漢音、会《え》・絵《え》（本来はワ行のゑ・ヱ）は呉音である。お肉は日本語（和語）だと思ってました、という人もある。

肉が漢語なら昔の人はお肉のことを何と言っていたのでしょう、ときかれたことがある。まあ昔の人はあまり肉を食わないから、そう用がなかったでしょうね。「しし」ということばはあった。「しし食った報《むく》い」のししですね。「肉」の異体字（略字）が「宍」である。これはもっぱらしししと読むようだ。

こころみに、家にかかわるやさしいことばを並べてみます。どれが「漢語」か考えてみてください。

廊下、部屋、座敷、客間、台所、風呂、便所、天井、二階、いす、本棚、たんす、ざぶとん、障子、押入、建具、家賃。

はい、廊下、風呂、便所、天井、二階、いす（椅子）、たんす（箪笥）、ざぶとん（座布団）、障子が「漢語」ですね。たいていは上の辞書に言う「日本で作られたもの（漢語）」に入るだろう。

いや、たとえば風呂は、ふつうこう漢字で書くから、「字音で読まれる語」すなわち「漢語」になるのであって、「ふろ」と書いたら（口で言ったら）、「漢語」に入れていいかどうかわかりませんね。そのほかの廊下、便所、天井、二階、いす、たんす、ざぶとん、障子も、辞書が言う「漢語」ではあるが、「あいつの話は漢語が多い」の「漢語」には入りそうもない。

字訓語つまり和語は押入だけである。

一番むずかしいのは部屋である。「部《へ》」が字音であるとは思えない。さりとて字訓とも思えない。まあしいてどっちかにきめろと言われたら、六分がた字音かなという気はするが、いや「へや」は和語である、というかたもあるだろう。しごくもっともだと思う。

「部屋」は漢字語だと思うからどっちかにきめねばならなくなる。へやに「部屋」と漢字をあてるのはふろを「風呂」とするのと同類、と言ったほうがいいかもしれません。ただしみやげを「土産」と書くような明白なあて字とはいっしょになりませんけど。

座敷、客間、台所、本棚、建具、家賃は、字音語でもなく字訓語でもない。音と訓との組みあわせである。

座敷は座《ざ》が字音、敷《しき》が訓である。動詞「しく」の連用形。日本語は動詞の連用形が名詞ですね。客間は客《きやく》が字音、間《ま》が訓。台所は台《だい》が字音、所《ところ》が訓。本棚は本《ほん》が字音、棚《たな》が訓。建具は建《たて》が訓。これも連用形。具《ぐ》が字音。家賃は家《や》が訓、賃《ちん》が字音である。

日本語にはこの音訓まぜこぜ語が非常に多い。わたしも何度かこの件について書いたことがある。『お言葉ですが…④広辞苑の神話』（文春文庫）の「白菊夕刊語」、『漢字と日本人』（文春新書）の「日本語の素姓」の所など。

音訓まぜこぜ語が多数できたのは、中国語の単語がすっかり日本語のなかに入りこんだゆえである。ちょうど今の日本で英語の単語がすっかり入りこんで、「サービス業」とか「期末テスト」とかのまぜこぜ語が無数にあるように。

昔の学者先生は、音訓まぜこぜ（つまり中日まぜこぜ）の語を「湯《ゆ》桶《とう》読み」「重箱《じゆうばこ》読み」と言った。これは、漢字の読みかた、という点にもっぱら着目し、音訓混用はおかしい、とそういう読みかたを、あるいはそういう読みかたをする者を、揶揄した呼称である。

学者先生がたが笑いたくなったのはわからぬでもない。もしいま物理を物理《ものり》と言ったり書店を書店《しよみせ》と言ったりする子どもがいたら人は笑うかもしれない。漢字をよく知っているつもりの学者先生から見ればそういうことだったのだろう。しかしそういうことばは昔からいくらでもあったのである。

建具を建具《けんぐ》にしたり家賃を家賃《かちん》にしたりすればスッキリはするだろうが、そうはゆかない。ことばとして成立しているからである。これはことばの素姓の問題として、和語と字音語との両方に足をかけた混種語としてあつかうべきである。混種語はさまざまあるがその一種、和漢混種語である。

和漢混種語（まぜこぜ語）は多いが、それになりやすい語があるようだ。鈴木修次先生はまっさきに「手《て》」をあげている（『漢語と日本人』'78みすず書房）。手金《てきん》、手酌《てじやく》、手職《てしよく》、手数《てすう》、手勢《てぜい》、手製《てせい》、手代《てだい》、手帳《てちよう》、手錠《てじよう》、手配《てはい》、手本《てほん》、手練《てれん》。――なるほどたくさんありますね。

このうち手数と手配はもと和語である。「てかず」を「手数」と書いているうちに「てすう」とよむ人が出てきた。現在「てかず」と言う人と「てすう」と言う人は半々ぐらいじゃなかろうか。手配はもと「てくばり」。「手配」と書いているうちに「てはい」と言う人がふえてきた。今たとえば「指名手配」を「指名てくばり」と言う人はほぼゼロでしょうね。

もちろん手《しゅ》と言うことばもたくさんあります。手術、手段、手芸など。手芸は子どもも使うやさしいことばだから、手芸《てげい》という言いかたになってもおかしくなかったろうという感じがしますね。足芸《あしげい》もあるのだから。

その「芸」はいろいろ和語と結びついてまぜこぜ語を作っている。足芸、水芸、腹芸、表芸、裏芸、隠芸《かくしげい》など。もちろん字音語とも結びつきます。曲芸、武芸、珍芸など。どっちだろうと意に介してないのがわかります。

もとにもどって鈴木先生が手《て》のつぎにあげているのは「場《ば》」です。

場所、場面、役場、宿場、飯場、工場、修羅場、鉄火場、停車場。——少々高島が気づいたのをつけ加えるなら、現場、相場、帳場、猟場、職場、賭場、馬場、火事場、土壇場、細工場、正念場、普請場、渡船場、愁嘆場、勘定場、温泉場など。

無論和語ともつく。場合、場末、市場《いちば》、冬場、砂場、仕事場などいくらでもある。これも音訓関係なく自在にことばを作っています。

しかし「場《ば》」は、古めかしくなって今ではほとんど使われないことばもあるし、「場《じょう》」にかわったり、他の語におきかえられたりしたのも多いような気がする。

小生子どものころには「停車場《ていしゃば》」と言う人もけっこうあったように思うが、今はまずないでしょう。みな「駅」と言うでしょうね。

牧場《まきば》は歌の「おお牧場はみどり」以外は牧場《ぼくじょう》だろうし、勘定場はカウンターだろう、といったふうに。

小生は昭和十年代に学校にあがった者ですが、「運動場《うんどうば》」だった。その後運動場《うんどうじょう》になりグランドになったんじゃなかろうか。

また「機械」という歌を習った。「工場《こうば》だ機械だ鉄だよ音だよドドンドドドン……」というのですがね、あのころは工場《こうば》が主流だったわけだ。飛行機を作るのも飛行機工場《こうば》だった。今はみな工場《こうじょう》になって、工場《こうば》は「町工場」という一語だけに残っているように見受けられる。

もちろん、役場、職場、現場、相場など健在なのもあるが、概して「場《ば》」はすくなくなってきた気がします。

外来語

日本語のなかで外来語の占める割合が多くなってきている、と言う。その通りでしょうね。多分何十年も前からの趨勢でしょうが。

たとえば今日《きょう》の新聞（いつだって同じことだが）を見ても、インタビュー、タイプ、テーマ、ポイント、インターネット、メディア、ベテラン、メール、ロープ、コンクリート、ヘルメット、ガイドライン、グローバル、ウェブサイト、……、もういくらでも出てくる。きりがない。

外来語は十六世紀（江戸時代より前）にポルトガル人が、タバコとかパンとかボタンとかカボチャとかその他いろいろの言葉を持ってきて以来ずっとあるに相違ないのだが、その「外来語」という言葉はいつからあるのだろう？

調べてみるとこれが案外新しいのですね。『日本国語大辞典第二版』（以下日国）によれば明治二十八年に上田万年が用いているのが早い例だが、これは学者の著述中の用語だから一般通用語とは言えまい。次は『辭林』明治四十四年版である。まあだいたい明治末大正初ごろ、つまり二十世紀になってからふつうの日本語になったんじゃないかと思う。

それ以前は何と言ってたのだろう。「舶来語かな?」と思ったが、日国には「舶来語」という項目さえない。あまり用いられなかったのだろう。手もとの漱石全集の索引によれば漱石は一度だけ用いている。

それじゃ漱石は何と言ったのかと調べると、近い言いかたに「西洋語」「洋語」がある。ただしこれは日本語のなかの外来語を指すばあいもあろうし、英語など西洋の言語自体を指すばあいもあろうから外来語とイコールではない。

それは承知で、漱石以前、江戸時代にも西洋語・洋語と言ってたのかというと、そうではないんですね。「西洋語」は日国が一例だけ一八三六年（天保七年）の西洋科学研究者の著述（帆足万里の『窮理通』）から拾っているが、あとは皆明治。「洋語」はすべて明治である。

とすると江戸時代の人は、煙草《たばこ》や南瓜《かぼちゃ》は日本語だと思っていたとしても、ボタンやビロードのような言葉を何と呼んでいたのでしょうね。『猿蓑《さるみの》』（一六九一）の凡兆の句に「はきごころよきめりやすの足袋」がある。近頃到来のメリヤスを取り入れたハイカラな句だが、この種の語を彼らは何と呼んだのか。「蛮語《ばんご》」（表記は「蕃語」とも）あるいは「西語」あたりかなあ。ほかには思いつけない。

日国を引いてみると、「蛮語」は「外国の言語。特に近世には、西洋の言語」として『本朝食鑑』（一六九七）という本から「猪〈略〉蛮語称㆓万天伊加㆒本邦通俗亦言㆑之」、ほか数例引いてある。そんなによく使われた言葉のようでもない。まあ江戸時代は外国語に接することがあまりないから、当然なのかもしれません。

右『本朝食鑑』の「猪」は多分ブタだろう。その脂を西洋語で「万天伊加」と言い日本でも民間でそう言う、とある。「万天伊加」って何だろう、とあれこれ尋ねた末『國史大辭典』で「豚」を引いてみたら、「沖縄地方では盗賊の警戒や汚物清掃の目的でも飼われた。その脂肪はマンテイカの名で膏薬に供した」とあった。これですね。マンテイカ（万天伊加）は、もとはポルトガル語らしい。

それはともかく、江戸時代に西洋語のことを蛮語と言った（書いた）例はたしかにありました。

「西語」は日国に、「西洋の言語」として『日本風俗備考』（一八三三）という本から「我西洋人と接語する数少なけれども、西語を根元より善く了解し」という所を引いてある。この本は幕末に長崎出島にいたフィッセルというオランダ人がオランダで出した本を多数日本人が分担翻訳したもの、とのこと。変な文ですね。フィッセルが書いた部分の翻訳としては前半がおかしい。訳者の日本人が書いた部分としては後半がおかしい。

この「西語」は上に「西洋人」があるから重複を避けて洋の字を略したのかも知れず、翻訳書でもあり、江戸時代の用例とはしにくい。

蛮語にせよ西語にせよ知識人の固い言葉である。どうも二十世紀になるまで、今の「外来語」にあたる言葉はなかったんじゃないか、呼名《よびな》がないということは日本語のなかのちょっと素姓の異る一群として意識してなかったのかもしれない、という気がしてきた。


いま外来語は無数と言っていいほどあるが、どこまでが外来語か、というその範囲は案外あいまいだなあ、という気がする。

たとえばリモコンは外来語か。リモートコントロールはまちがいなく外来語である。けれども「リモコン」はそれを日本人がチョン切ってつないで作ったもので、外から来た語ではない。日本製である。

しかしこういうのは、外来語、ということになっているようですね。日本でチョン切ったりつないだりしても、そのもとが外来語ならば外来語としているようだ。そういうのはマスコミとかセクハラとかラジカセとかパソコンとかいくらでもある。

チョン切っただけのものも、ハンカチとかテレビとかネガとかアニメとかいろいろある。

つまり外来語とは、その形で外から来た語、ではない。素材や部品が外から来ていれば外来語である。ジャムパンは、ジャムが英語、パンがポルトガル語だが、外来語である。テーマソングは、テーマがドイツ語、ソングが英語だが、外来語である。部品はどこのでもいいのだ。

「それは外来語ではなくて日本語です」といった言いかたがあるが、それは本来おかしい。外来語は日本語の一部分なのだから——。しかし言いたいことはわかる。まあ外来語は、言ってみれば日本語というクラスのなかの転校生、といったところかな。

外来語はカタカナ書きが多いが、カタカナ書きが外来語ときまったものでもない。たとえば、インチキ、ルンペン、ポンコツ、テンプラなどは通常カタカナ書きの語だが、どうか。皆さんどうお思いになります？

はい、ルンペンとテンプラが外来語のようですね。

衣類で、パッチ、ステテコ、チョッキ、背広は？

パッチは朝鮮語とのこと、外来語。ステテコは日本固有語らしい。チョッキはポルトガル語の jaqueta ないしオランダ語の jak かららしい。背広は英語の civil (clothes) かららしい、とのこと。似たような素姓だから、チョッキが外来語なら背広も外来語ですね。カタカナでない外来語もあるわけだ。

野球用語は英語が多いがナイターは日本語である、というのを読んだことがある。その通りだろう。しかし材料が英語のナイトだから、多分外来語の範囲に入れるのだろう。

ゴロは英語か日本語か、というのも読んだことがある。これもふつうはグラウンダーの変化と考えて外来語に入れるらしい。ただし、ゴロゴロころがるからゴロだ、と思う人がいてもいいそうです。

満タンはどうか。半分外来の混種語か。こういうのも、アル中とか省エネとか、トンカツとかカラオケとか、いろいろありそうだ。半分外来の混種語は、一語としては外来語に入らないだろうが、半分のタンやアルなどは外来語の範囲に入るか。それだけで独立しては用いられないのは入らないか。どうでしょう。

まあそういうわけで、考えてみると外来語の範囲は、その周辺部はかなりあいまいな感じですね。

世界にはあまたの言語があるが、外来語のない言語は一つとしてないと言う。英語なんぞは八割くらい外来語なんだそうだ。ラテン語からとかフランス語からとか。

日本語も外来語が多いが、日本語は特徴がある。中国から来た言葉は、外から来た語ではあるが、外来語にはかぞえないのである。これにはいろいろわけがあるようだ。

一つは、非常に古く入ってきた言葉、千五百年も二千年も前に入ってきた言葉が多いことである。これらはすっかり日本語になりきっている。それと、比較的新しく西洋から来た言葉とを、ひとしく「外来語」としてくくりにくい。

たとえば、スクールやピクチャーは外来語、と言えばだれでもふんふんとうなづいて話が進む。学校やスクールや絵やピクチャーは外来語、と言ったら聞いてるほうは混乱するだろう。こういうのは一緒にしないほうがいい。スクールやピクチャーは転校生なのである。

一つは、中国語が入って以後、中国語の構成や意味内容に合わせて日本で作った言葉がたくさんあって、どれが中国語か、どれが中国語のふりをした日本出来《でき》の語か、わかりにくいからである。

たとえば「家」のつく語で、家具、家庭、家屋、家財など、あるいは、旧家、良家、民家、人家など、どれが中国から来たか、どれが日本出来か、おいそれとわかるものではない。

一つは、あるいはこれが最も大きいかもしれないが、見た目のちがいがある。カタカナイコール外来語とはかぎらぬとしても、概してカタカナは外来語の感じを与える。漢字はその感じを与えない。

だから中国から来た語でもカタカナ語は外来語に入れるようだ。たとえばギョーザとかシューマイとか。

食い物以外でわれわれが子供のころ、「負けたらシッペ」と言って二本指で相手の手首をピシャピシャ叩いたものだが、あれも中国からの外来語だろう。

中国から来た漢字語だが根が中国語ではないもの、お釈迦さまの釈迦とか菩薩とかはどうだろう。ふつうの人は外来語と感じるかな？　感じないかな？

手もとの外来語辞典をのぞいてみたら、釈迦・菩薩などはもとより、「僧」まで外来語としていたので驚いた。ただし如来は外来語としていない。つまり梵語（サンスクリット）の音を漢字で表わしたのは日本へ渡来しても日本の外来語、梵語の意味を漢字で表わしたのは外来語でない、ということらしい。しかし、ふつうの日本人にとっては、僧の字は僧の意味を持っている。

外来語辞典は尊重せねばならぬが、それに入っているのが外来語、と杓子定規に思わなくてもいいんじゃないか、ふつうに外来語と考えられるものを外来語としていいんじゃなかろうか、と思ったことでありました。

ゴミのはなし

あるかたからメールがあった。——西伊豆で船に乗った。中国人団体客が大勢乗っていた。甲板のゴミ箱に「拉」のような字と、その下にもう一字見たことのない字が書いてあった、何でしょう、という内容である。

ああそれはラチです、中国語でゴミのことです、と御返事した。字は、ケータイのメールでは送れないが、「垃圾」である。

このラチ（ゴミ）ということばは、あまりにもありふれた日常口頭語なのでかえって、意識したことがなかった。ここ半世紀以上、雑誌やら小説やら何やらで何十ぺんもそれ以上も見ているに相違ないのだが、自然にラチと読んで勿論ゴミと理解して、意識にのぼることもなく通りすぎていたのだろう。メールをもらって辞書でlajiを引いて、へえ土へんの字であったか、と初めて意識した。

それはちょうどほとんどの日本人が、ゴミということばをしょっちゅう聞いたり見たり言ったりしていても、カタカナだったかひらがなだったか、とか、ゴミのことをなんでゴミと言うんだろう、なんて意識しないのと同じでしょう。なにしろゴミですからね。

　あらためて意識してみるとこのことば、ラチという音形と言い無意味な字と言い、ほぼまちがいなく外来語だろう。と言っても、ヨーロッパからはるばるやってくるようなことばじゃない。昔から漢人地域の周辺には、あまたの種族がいてさまざまに素姓の異る言語をしゃべっている。そのどこかから入ったのだろう。そういうことばはたくさんある。

　辞書で調べると、南宋の人呉自牧《ごじぼく》の随筆『夢粱録《むりょうろく》』（十三世紀。今の浙江省杭州あたりのことを書いたもの）の「河舟」の項に「垃圾糞土を積んだ船が」云々とあるのと、同じく「諸色雑貨」の項に「毎日街を掃除して垃圾を運ぶ者が」云々とあるのを引いている。長江河口あたりのことばかと思われる。呉自牧は当地の人らしいから「垃圾」は日常のごくありふれたことばだったのだろう。「ゴミ船」「ゴミ掃除人」と何でもなく使っている。発音はもとよりわからないが、lipkip のpが脱落したラッカッ、とか、リッキッ、とかいった音だったかもしれない。これ以後二十世紀まで用例はない。見つからないのだろう。

　宋のころの長江下流域方面で話されていたのは漢語系の言語であったに相違ないが、人々が日常生活で言っていたゴミの意の「垃圾」ということばは、漢語とは思われない。どこかから入ったのだろう。

この語を知ってはいるが注意しなかったのはわたしばかりではない。中国には二千年も前から辞書があるが、この語を拾ったのはごく最近、二十世紀になってからである。最初は一九一五年の『辭源』。発音は「俗に垃は辣の如き音、圾は色の如き音」とある。ラサかラソあたりである。「俗」は口語。意味は「俗に塵土穢積をいう」。ゴミためである。夢粱録の例を見つけている。

次は一九三六年の『辭海』。発音は「垃は辣の如き音、圾は西の如き音」、ラシかラセあたり。意味は「汚くてドブに流せないゴミ」。

次は一九四五年の『國語辭典』。発音はロソ。注音符号で示してある。説明は「呉語、きたない物と無価値な物のごちゃまぜ」。呉語は長江下流域語で、七百年前の呉自牧とほぼ同じ地域である。

日本では昭和十年（一九三五）の石山福治『最新支那語大辭典』が拾っていて、発音はラサ、説明はゴミたまりである。

発音は辞書によって小差あるが、俗語なんだから、地域により違いがあって不思議でない。今のラチは北方音（黄河以北の音）であろう。なお右のわたしのカタカナ表記は皆大まかな近似値である。

「垃圾」の字は呉自牧がこしらえたのかもしれないが、あるいはその前から長江河口地域の知識人が一般に必要あった時に使っていたのかもしれない（と言ってもゴミなんて語を字で書く必要がそうしょっちゅうあったとは思えぬが）。形声字《けいせいじ》で、左の土は無価値の意、右の立及が音である。外来語としては比較的新しい層である。外来語と言ってもどこか遠くからやってきたというのではない。宋が南遷して杭州が臨時の国都になったころに当地の人たちが言っていたことばである。

漢字は漢語（チャイニーズ）を表わす文字である。漢語は一語が一音節、漢字はそれを一字で表わす。つまりどの字も一語であって、固有の意味を持っている。それを自由に組合わせて無数の表現が可能である。こんなに語と字とが最高絶妙にピッタリ、しっくりしている言語は、地球上にも他にそうは例があるまい。

しかしそれだけに、他語の表記にはヨワい。俄然不器用になる。それは、字が一つ一つみな漢語の意味を持っていて、単に音を示す字がないからである。他語は、字が意味を持つという特性を捨て、音だけの字として用い、取り入れるほかない。しかも漢語は昔から周囲を他語でかこまれている。

たとえば駱駝。ラクダである。音ラクタ（推定中古音。以下同じ）。駱の字は昔からあって意味があったようだが、ラクダが中国に伝えられてからは「駱駝」二字ひとかたまりでラクダ専用になった。各一字が固有の意味を持たない。二字で一語、ラクダである。他の語のラクの音、タの音の表記に使い回されることもない。非能率な字である。もとは匈《フン》語のダッダだと言う。西域の動物ラクダが知られるようになったのは二千年くらい前かららしい。なお西域というのは、漢人居住地の西、今の中国のモンゴル、ウイグル、チベットあたりから地中海あたりまでの広大な地域を言う語だから、そのうちのどこ、どの種族というのはなかなかわかるものではない。

蟷螂。カマキリである。音タンラン。カマキリくらいは漢人地区にもいただろうと思うし、いれば各地方の子供がそれぞれに呼ぶ名はあったろうが、それは痕跡を残さず、どこか別の語の蟷螂が残った。これも一字ごとの意味は持たず、二字で一語である。タン・ランの音表示字として使い回されることもない。

小動物の名称は他語系が多いようだ。地方ごとの子供の呼び名などは字になって残りにくいのだろう。

蜻蜓。トンボ。音センテン。蟋蟀。コオロギ。音シッシッ。岑仲勉《しんちゅうべん》説によればシッシッはテュルク語。蜘蛛。クモ。音チチュ、など。みな二字二音節で一語。応用の利かない、それだけのために字をおぼえなければならない非能率な語である。こういうのと、漢語固有の小動物名、蚊、蛇、蟬などとは明らかに語形が異る。

葡萄。ブドウ、音プタウ。これは昔から議論がやかましい。産地は中央アジア（今のアフガニスタン、イラン周辺）のよし。名はフェルガナ語のウダウ（あるいはブダウ）で、物と名とを漢の張騫《ちょうけん》（B.C.二世紀）がもたらしたという。また一説に、アレキサンダー大王（B.C.四世紀）がペルシャを征服して持ち帰り、そのギリシャ語名ボトルスが漢に入って、下半分を省略しボトを葡萄と表記した、とも言う。漢以後、物と言い名と言い味と言いそれで作った酒と言い、異国情趣満点のものだった。なおポルトガルを「葡萄牙」と書くが、これは単に字を借りただけだろうと思う。しかしとにかく葡萄の字はブドウと葡萄牙《ポルトガル》と二つ用途があるわけである。

苜蓿《もくしゅく》。和名「むらさきうまごやし」と言うんだそうだ。音モクシク。西域の、馬が好んで食う草。フェルガナ語のブクスクからと言う。これも二字で一語、他に使い道なし。

琵琶。中央アジア方面の弦楽器。音ピパ。ペルシャ語のバルバトからか、と言い、また古代ギリシャ語のバルビトンからかとも言う。日本では湖名になったので用途が広いが、本来は楽器名のみの語。二字で一語。

箜篌《くご》。これも同方面の弦楽器。音コンコウ。テュルク語のクォブツからか、と言う。

右にあげてきた、駱駝、蟷螂、蜻蜓、蟋蟀、蜘蛛、葡萄、苜蓿、琵琶、箜篌などの語、みな他語の音を写した外来語である。二字で一語をなす。一字では独立して意味を持ち得ない。漢語は一語が一音節、それを一字で書く。つまり一字が独立して一つの意味を持つのが漢語の特質であるから、右の諸語は性格がちがう。これらの字はすべて形声字である。二部分より成り、一部分が意味領域を示す（馬、虫、草など）。一部分が音（多分原語音に近い音）を示す。

そして「垃圾」はまさしくその仲間である。二字で一語である。一字づつ独立しては意味を持たない。音をあらわす字として用いられることもない。形声字である。「土」は意味領域を示す。「立・及」は音を示す。「垃圾」の字をこしらえたのは呉自牧かだれかそれはわからないが、発想は駱駝以下とまったく同じである。

駱駝から垃圾までの同性格の語を並べたが、他語を漢語に取り入れる際にすべてこのように形声字を新造したというのではありません。ありふれた字を音符号として用いたものも多い。

たとえば筆をなんでpit（piət日本語のヒツも同じ）と言うのか。後漢の『説文解字《せつもんかいじ》』に呉語で「不律」と言うとある。これはインドネシア方面の語で繊維・軟毛をplt と言ったのが入ったと言う。そうだとすると「不律」はその音を写したもので、不も律も他にいくらでも使う字である。

あるいは匈《フン》語で王をゼンウ（セノグとかセンホとかいった音のよし）と言う。これを「單于」と写した。これも字の意味は関係なく音を写したものだが、單（単）も于も他にいくらでも使う。

その後の別の種族で王になった者もゼンウと名乗っていたが、だんだん値打ちが下ってきたので、六世紀ごろに柔然族で王になった者がテュルク語でカガンと名乗ったよし。これを「可汗」と写した。これも字の音を用いたもので、意味は関係ない。可も汗も他にいくらでも使う。

なおジンギスカン（成吉思汗）のカンは「可汗」（王）であるが、その上のジンギスは多分匈語のゼンウ（セノグ）から来ていて、「最大」「天」などの意だろうと言う。テュルク語とモンゴル語は近いことばらしい。

以上、漢字は優秀な文字体系であるが、一字一字が意味を持っているために、他語を取り入れるとなると不便・不器用であった。それが取り入れやすかったのが、ずっと後の時代のことになるが、日本語からである。なにしろそれは漢字を使って、その意味も使って、語を作ってくれていたからである。しかしこの件は、また別の話になる。

ぼう、暴、暴露など

暴力、乱暴などの「暴」という、子供でも知っているやさしい字がある。意味は「荒っぽい、良識を越えた」といったところ。

同じ暴でも、暴落、暴発などの暴はちょっとちがう。「突然」である。銃の暴発は、所有者には射つつもりはないのに何かのはずみで発射してしまうこと。そこから、何らかの事が突然始まるのを暴発と言う。この暴は昔から「にわかに」と訓ぜられる。

「暴発」ということばは今の中国にもあって、よく用いられる。「暴」が「突然」であることも日本と同じである。ところが「暴発」の意味が全然ちがうのだからおもしろい。

突然大金持になることである。このばあいの「発」は「もうける、羽振《はぶり》がよくなる」の意である。突然大金持になったやつ（あるいはその一家）のことを「暴発戸」と言う。やっかみと多少のさげすみとをこめた言いかたである。日本語の「俄大尽《にわかだいじん》」「俄分限《にわかぶんげん》」ですね。

「暴」の「荒っぽい、良識外れ」と「突然」とは、似通う点もあるが、まあ一応別の意味・用法としておいていいでしょうね。

小生「暴走」というのは暴走族の乱暴運転のことだと思っていたが、広辞苑の「暴走」には②として「無人の車が走り出すこと」とある。これは「突然」のほうでしょうね。

調べてみると昭和二十四年（一九四九）の三鷹事件あたりが始まりのようだから、初めのうちは電車についての語だったらしい。それが、自動車が普及した昭和四十年代前後のころから自動車について言うようになったようだ。乱暴運転は人の行為だが、②はたいがい機械の不具合だろうから、別のことである。それが「暴」の字を介してつながったのかもしれない。

「暴」にはもう一つ別の意味がある。暴露の暴である。「むき出し」の意である。これはバクだから音もちがう。なお「露」もむき出しである。露出、露天のごとく。

今のふつうの日本語でバク（むき出し）はこの語一つだけである。中国にも「暴露」という語はあり意味も同じだが、今の中国語では暴力の暴も暴露の暴も同じ音になってしまっている。しかし昔は別だったことは日本字音でもわかる。

音も意味も異る別の語が一つ字に同居している、ということは稀にある。たとえば音楽の楽と快楽の楽がそうである。暴もその一つである。

なぜ同居しているのか。もとは別の字であったのが、よく似ているために一緒になってしまったらしい。

漢字は似た字がよくある。年をとると区別がつきにくくて困る。暴《ぼう》と暴《ばく》もそういうそっくりさんだったようだ。

諸橋大漢和の暴の解字項に字が書いてある。わたしの老いた目には区別がつかない。片方は「日出に疾く趨つて之をささげる義」、もう一方は「日が出て、両手で米をあげてさらす義」とある。それでいいのかどうか知らないよ。そう書いてある。暴の字は上が日だから太陽に関係あることは確かだろう。だからどちらも「日の出」が出てくるのである。

とにかく暴の字に、バウ「荒っぽい、突然」と、バク「さらす、むき出し」とが同居していることはまちがいない。字が一つになったのは紀元前三世紀か二世紀ごろだろう。

暴《ぼう》の例は二千年以上前からいくらでもある。たとえば有名な論語の暴虎《ぼうこ》馮河《ひょうが》（向う見ず、無鉄砲）、どなたもごぞんじでしょう。無論広辞苑を初め、多分どの国語辞典にも出ていよう。漢和辞典は言うまでもない。

めんどうなのはバク、暴露である。

ただし「暴露」という語そのものは、二千年前からいくらでもある。意味が今とちがうのである。外へ出しっぱなし、野ざらし、の意である。それがこの語の本来の意味であり一貫した意味である。野で日中は日に照らされ、雨が降れば雨に濡れる、というのが「暴露」である。多く遺骸、生身の人間、集団などについて言う。

今の「ばらす、ばれる」の暴露は、中国でも日本でも、二十世紀以前にはまずない。さすがの諸橋大漢和も、「ばれる」とは書きながら用例は一つもあげてない。諸橋の調査力をもってしても見つけ得なかったのである。なお二十世紀になって日本でも中国でも現われるのは、最初はrevealなどの訳語としてじゃないかと思う。日本で最初に用いたのは漱石らしいことからもそう感じる。

ところが、かねて小生賞讃の『漢語大詞典』（'86～'93上海）の「暴露」の項には「顯露、揭露」（ばれる、ばらす）として何と六世紀の例をあげてある。顔之推《がんしすい》『顔氏《がんし》家訓』「後娶」（あとの妻）の所の「播揚先人之辭迹、暴露祖考之長短、以求直己者、往往而有」である。

いやあ、よくぞ見つけたものだねえ。主人が死んだあとの前妻後妻とその子たちのすったもんだを書いた段である（複婚制だから妻が二人ということはしょっちゅうある）。「祖」は亡《な》き祖父、「考」は亡き父。死んだ爺さんや親父のあれこれまでさらけ出して争いをする、というのだからこの「暴露」は今の暴露に近い。限りなく近い。清《しん》代に朝廷の命令で多数知識人が力をあわせて作った厖大な用例集『佩文韻府《はいぶんいんぷ》』もこれは見つけていない。

　またこの顔之推も、よくまあ六世紀という大昔に、「暴露」（死体がさらしもの）という語を、こんなに新鮮に、みごとに（もちろん比喩的に）使ってみせたものだ。

　もちろん孤例である。以後二十世紀まで、こういう「暴露」はない。

　ところで、小学館『日本国語大辞典第二版』「ばくろ」③（悪事や秘密をあばき出す）に『史記抄《しきしよう》』（室町期）楽毅《がくき》伝の「ハクロ〈注〉アラハレアラハルル」を引いてある。疎忽にこれを見ると日本人は早くも室町期に暴露を今と同義に用いていたかのようである。しかしこれは小学館のミステークと言うべきでしょうね。

　史記楽毅伝を見れば簡単にわかるようにこれは、燕の恵王が将軍楽毅に「爲將軍久暴露於外」、斉との戦争のために君《きみ》の軍を長いこと野ざらしにしていて悪かった、と言っている所である。この箇所に史記抄の著者桃源瑞仙が「ここに出てくる「暴露」という言葉はね、「暴」も「露」も「アラハレアラハルル」、つまりむき出しってことだよ」と講義しているのである（「抄」は講義）。つまり史記抄を「ばくろ」項に採ってもいいけど入れるなら①（風雨にさらす）に入れるべきところである。

　暴の字は、ボウ（荒っぽい、良識外れ）とバク（さらし出し）とある。音も意味もちがう。それが一つの字に同居しているのだからややこしい。そこでもう一つ日を添えて「曝」の字を作り、バクのほう専門とした。これはわかりやすい。はっきり日の字がついているのだから誰が見ても日ざらしとわかる。ばれたのバクロを日本で最初に使ったのは漱石らしいと上に言ったが、字は「曝露」である。

曝の字は二千年くらい前、つまり暴と暴とが同居して間もなくできたらしい。それじゃさらすのほうはも一つ日をつけよう、とごく自然である。たとえば列子《れっし》に農民が日なたぼっこするのを「曝日」と言っている。

似た字に「爆」がある。今はもちろん爆発・爆音など火薬ガソリン等に関係ある語の字だが、そんなに昔から火薬ガソリンが使われていたわけじゃない。説文解字《せつもんかいじ》（二千年ほど前の辞書）には爆は「灼である」とあり灼は「灸《きゅう》である」とあるから、もとはやいと（お灸）だったみたいですね。背中（背中でなくてもよいが）の勘所《かんどころ》にもぐさをすえて線香で火をつけたらパチンとはじけるやつだったのかもしれない。やいとより盛大なのは、竹を火にあぶると中の空気が膨脹してパーンと破裂するの、あれも爆です。ともかく、爆は火がはぜること、はぜる音である。のちに、火薬を使って破裂させるのを爆と言う。

先日の某紙、一面トップの大きな見出しに、

〈ビキニ被ばく追跡調査〉

とあった。見苦しいねえ。意味もわからない。

今ふつうの日本人はビキニと言えば若い女の赤い小さな乳かくしと思うだろうから、下のほうに「ビキニ水爆実験」という囲み解説がついている。六十年前のことである。「第五福竜丸が放射性降下物（死の灰）を浴びて被ばく、」人が死んだとある。

これによれば放射性降下物を浴びたことによって被ばくしたというのだから、それじゃその被ばくはどういう意味かというと、それは書いてない。「放射性降下物を浴びたことイコール「被ばく」」、のつもりか。そうであれば書きようがよくない。

とにかく、アメリカの水爆実験で日本人が死の灰を浴びて被害を受けたのだから、「ビキニ被害」あるいは「ビキニ水爆被害」とすればわかりやすかろう。いや被害じゃいけない、被ばくだ、というのか。

ばくとは何か、どんな字を書くのか、何も書いてないが、「被爆」なら漢字で書くだろうから、「被曝」のつもりだろう。それならば被曝《ひばく》と書くがよい。ふりがなはつけない方針ならば、被曝（ひばく）とすればよい。

被曝《ひばく》だなんて難しい漢字を使ったんじゃ何のことか読者にわからない、被ばくだったらやさしいから誰にも意味がわかる、というのだとしたらバカバカしい。

と言うと、「いや曝は常用漢字外だから使えないのですよ、ごぞんじありませんでした？」なんて、したり顔して言うのかもしれないね。

常用漢字の範囲内で読者にわかるやさしい記事を書く、というのはけっこうなことである。しかしそれは、常用漢字以外の字を使うような語を用いない、ということである。考えちがいをしてはいけない。それも、強制があるわけではなく、自分でその方針を選んでいるのであるから、当然それを守るべきである。

この新聞には被ばくのほか、冒とくとか漏えいとか島しょとか、いろいろ出てくる。冒とくは、けがす、でよい。漏えいは、もれるかもらすでよい。島しょは島か島々でよい。もちろん被曝は水爆被害かさらされたでよい。

先日は「冒とくしたことへの復讐（ふくしゅう）」という妙な記事があった。どういう原則を立てているのだろう？　復讐（ふくしゅう）ならばそのすぐ上も冒瀆（ぼうとく）になりそうに思う。それならバランスが取れる。出たとこ放題みたいに見えますね。

けだし、蓋

「けだし」という日本語はだれでも知っていてよく使う。「あいつが怒《おこ》るのもけだし当然だ」とか「けだし壮観だ」とかいったふうに。

いいことばですね。しいて別のことばで意味説明しようとすれば「まさしく」くらいかなあ。けど「あいつが怒《おこ》るのもまさしく当然だ」と言うとやっぱりちょっとちがう。「けだし」の意味は「けだし」である。なお、字で書く時は「蓋し」と書くことも（人も）あるが、もちろん同じことです。

「けだし」はいい日本語だなあと思うけれど、なんでそれをケダシと言うんだろう、と不思議に思ったので『岩波古語辞典』を引いたら、「きちんと四角である意のケダ（角）の副詞化」と説明してあったので、一ぺんに疑問が氷解した。きちんと四角なのをケダと言うなんてちっとも知らなかった。

畏友影山輝國（実践女子大学）にその話をしたら、「例によって大野晋さんの勇み足かも知れない」と、山田孝雄『漢文の訓讀によりて傳へられたる語法』（昭和十年。復刻宝文館出版）の「けだし」の項を送ってくれた。へえ、そんな本があったのか、と古本屋に注文して買いました。

日本語と漢文訓読の日本語（字訓語）との関係は、本一冊分になるくらいややこしいんですねえ。人を行かせる意の「行かしむ」などの「しむ」は日本語にはない言葉なんだそうです。「欲バル」（よくばる）という言葉は「和漢両読の方法」なんだそうです。もう知らないことばっかり。

山田先生が万葉集の「けだし」をたくさんあげてくださっている。無論万葉集は全部漢字だから、かな字の「けだし」があるわけではない。その字はさまざまである。山田先生が「けだし」だと判定なさったものである。

「けだし」というのはおもしろい言葉ですね。先生によれば、万葉集にはこんなに多数の例がある。その後千年以上歌文に用いられない。今の人は盛んに「けだし」と言う。というのですから。

山田先生が列挙しているのを一つづつ小学館『日本古典文学全集』の『萬葉集』で探して見つけました。もっと手っ取り早いやりかたがありそうだが何分小生素人だもので。

数が多いから全部御紹介というわけにはゆかない。いくつか左にかかげます（傍線は先生がつけたもの)。

和我世故之氣太之麻可良婆、思漏多倍乃蘇低乎布良左禰見都追志努波牟（巻十五）

以下小学館。よみと訳と「けだし」の注のみ。

我《わ》が背子《せこ》し　けだし罷《まか》らば　白たへの　袖《そで》を振らさね　見つつ偲《しの》はむ

あなたが　もし配流されることになったら　（白たへの）　袖《そで》を振ってください　見て偲《しの》びましょう

ケダシは、万一、ひょっとして、の意の副詞。

これ一つ見ただけでも、今の「怒《おこ》るのはけだし当然」とはまるっきりちがうのがわかりますね。

安須能比能敷勢能宇良未能布治奈美爾氣太志伎奈可須知良之底牟可母（巻十八）

明日《あす》の日の　布勢《ふせ》の浦廻《うらみ》の　藤波に　けだし来鳴かず　散らしてむかも

明日の日の　布勢《ふせ》の浦辺の　藤波に　もしや来鳴かずに　みすみす散らしてしまうのでないか

けだし――あるいは。ひょっとして。

夜晝云別不知吾戀情蓋夢所見寸八（巻四）

夜昼《よるひる》と　いふわき知らず　我《あ》が恋ふる　心はけだし　夢《いめ》に見えきや

夜昼《よるひる》の　区別もわからないくらい　わたしが恋している　心はもしや　夢に見えましたか

けだし―あるいは。もしや。

人目多直不相而蓋雲吾戀死者誰名將有裳（巻十二）
人目多み　直《ただ》に逢はずて　けだしくも　我《あ》が恋ひ死なば　誰《た》が名ならむも
人目が多さに　じかに逢わずにいて　ひょっとして　わたしが恋い死んだら　誰の名が出るでしょう

けだしくも―もしかすると。

蓋毛人之中言聞可毛幾許雖待君之不來益（巻四）
けだしくも　人の中言《なかごと》　聞かせかも　ここだく待てど　君が来まさぬ
ひょっとして　人の中傷を　聞かれたのか　こんなに待っても　君がいらっしゃらない

けだしくも―おそらく。ひょっとすると。

夕夕《ヨヒ〳〵》吾立待爾《ニ》若雲君不來益者應辛苦（巻十二）
夕々《よひよひ》に　我《わ》が立ち待つに　けだしくも　君来《き》まさずは　苦しかるべし
毎晩　わたしが立ち待っているのに　ひょっとして　君が来られなくなったら　苦しいにちがいない

けだしくも――ここは、ひょっとして、の意。

漢字はさまざまだが語は同じであり、ひょっとして、もしかすると、の意である。このころまでに漢籍が大量に入っており、その文中の「蓋」を「けだし」と読んで（訳して）いる。山田先生が多数の例をあげているが、皆読みは「けだし」なんだから、数例のみ引きます。カッコ内の出典の後の訓読は、そういうのがほしい読者もあろうかとわたしがいい加減につけたもの。無視してください。わたし自身は訓読はきらいです。

蓋取㆓諸離㆒（易、繫辭。蓋しこれを離に取る）

蓋亦勿㆑思（詩經、魏風。蓋し亦思ふ勿れ）

蓋均無㆑貧、和無㆑寡、安無㆑傾（論語、季氏。蓋し均しければ貧無く、和すれば寡無く、安ければ傾無し）

蓋諸侯之孝也。蓋天子之孝也（孝經。蓋し諸侯の孝なり。蓋し天子の孝なり）

蓋上世嘗有㆘不㆑葬㆓其親㆒者㆖（孟子、滕文公。蓋し上世嘗て其親を葬らざる者有り）

山田先生は、「蓋」字の意義用法に二大別あり、一は「疑辭」で一は「發語辭」だ、と言っていらっしゃる。疑辞というのは日本語で言えば「であろうか」といった気分でしょうね。言う者はたいていそうなのだと思っているのだが、多少ゆとりを持たせて推測の気分を含ませているのが疑辞なのである。発語辞というのは、何か言い出す初めの「そもそも」とでもいった気分でしょうね。

中国の辞書で「蓋」を見ると「大概」と釈してある。つまり、そうなんだけれど「そうなのである」と断定的に言わないで、「まあそうなんだ」と多少言いかたをゆるめて余裕たっぷりに言う疑辞である。この「疑」は日本語の「うたがう」じゃないよ。ゆるめの言いかた、わざとためらったふうな、推定的言いかたである。

万葉のころの日本人は「けだし」という言葉をよく用いた。ひょっとして、ひょっとしたら、の意である。

同じころ、それまでもずっと、漢文の「蓋」を「けだし」と読んだ。まあおおむねこうだ、と、自信とゆとりを持って言う語である。

同じ時期の同じ日本語なのに、何だかずいぶん感じがちがう。そこで山田先生は、漢文（日本人が書いた漢文も含む）の訓読の日本語「けだし」は、日本語の「けだし」の意味には合わない。まちがいである、と言う。漢文の「蓋」を複数挙例して、

〈……の如きものに至りては国語の「けだし」の意全く存せずといひて、可なるものなり。これらは孝経の注に「猶略也」とあるが如く、ただ大意を統べていへるものにして、これを「けだし」とよむことは国語の本義には吻合せぬものといはざるべからず。

（……）

しかるに、かくの如きをなほ「けだし」といふものは「蓋」字は必ず「けだし」とよむべきものと固定したる考を以てその本意如何を顧みずしてよめるが為にして現今の普通文にも往々かくの如く「けだし」といひて下を治定せる語にて結べるものはこれ実に漢文訓読の餘弊なりといふべし。〉

「蓋」の字が出てきたら意味も考えずに「けだし」とよんだので、そのまちがいを今のやつもやっている、と憤懣のとばっちりが今の日本語におよんでいる。

日本語「けだし」の意味はひょっとなのだが、その「けだし」は以後日本語の文章からは消えてしまった。そして千数百年。その間も漢文訓読では「蓋」は惰性的に「けだし」とよまれていた。しかし漢文訓読は日本人の日本語に影響するほどのものではない。

ところが明治以後学校教育を通して漢文訓読が広く行われ、日本人は盛んに漢文訓読調の日本語をしゃべったり書いたりするようになる。そこで何かといえば「けだし」と言う。これはもちろん本来の日本語の「けだし」じゃなくて、漢文訓読の日本語「けだし」である。山田先生が「これ実に漢文訓読の餘弊なり」と不平を鳴らすわけだ。

小学館『古語大辞典』の「けだし」。

「①（下に疑問の語を伴って）疑いの気持ちを込めて、推量する意を表す。あるいは。ひょっとしたら。②（下に仮定の表現を伴って）万一の場合を仮定する意を表す。もしかして。万一。」

この①②は本来の日本語の「けだし」である。

「③（下に推量の語を伴って）多少危ぶみながら推量する意を表す。多分。おそらく。④（下に平叙の表現が来て）大ざっぱにいう気持ちを表す。おおかた。大体。」

この③④は漢文の「蓋」の訓読の「けだし」である。

①②と③④とは全く別物である。③④は山田先生が言う「国語の「けだし」の意全く存せず」「国語の本義には吻合せぬもの」である。だけど①②③④と通して説明を読むと、ずーっと連続しているような感じを受けますね。まあこう並べて説明するよりほかないんでしょうけれど。

「けだし」は「きちんと四角である意のケダ（角）の副詞化」というのは、影山の言う通り「例によって大野晋さんの勇み足」でしょうね。「きちんと四角」がなんで「ひょっとしたら」になるのかわからないもの。

それじゃ「けだし」はなんで「けだし」と言うのか。それはわからない。『日本国語大辞典』にはいろんな人のいろんな説を並べてある。いろんな人がいろんな説を唱えるのは、つまりわからないということだ。

たとえば大槻文彦『大言海』は「正《ただ》し」の略「たし」の上に「気《け》」が乗っかったものだ

ろうと言う。無論証拠があるわけじゃない。そやってできたんじゃないの、と考えたのである。他も同様。

それにしても「けだし」というのは不思議な言葉です。け＋《プラス》たし（大槻）なのか、けだ＋し（大野）なのかさえわからないんだから――。

東京駅丸の内口復原

東京の清水建設におつとめの渋沢和行さんが、『コンクリート工学』という業界誌（学界誌？）の「東京駅丸の内駅舎保存・復原工事」という記事をお送りくださった。
東京駅を修復しているという話はわたしも新聞か何かで見た気がする。記事にこうある。なお筆者は工事事務所の責任者二人。

〈「赤レンガ駅舎」として国民に広く親しまれている東京駅丸の内駅舎は、我が国近代建築の祖、辰野金吾の設計によって大正3年に開業した。以来、先の大戦後の応急復旧で大きくその姿を変えてきたが、中央停車場として人々とともに歴史を歩んできた我が国の近代を代表する建築である。今回は、丸の内駅舎の保存・復原工事について報告する。なお、「復原」とは、旧部材や文献等が残っており根拠が確かな場合（一部推定を含む）且つ改修等で形が変わっていたものを当初の姿に戻すことを示し、「復元」とは推測に基づき失われた建物を当時のように再現することを示しており、丸の内駅舎につ

いては文化庁と調整の結果「復原」と表記することとなった。〉

渋沢さんはこれを見て、へえ、「復原」と「復元」はちがうのか、とコピーを送ってくださったわけである。建築業界で四十年以上も仕事をしている渋沢さんがへえと思ったのだから、一般に業界でそんな使いわけがあるわけでないのはたしかである。

わたしもへえと思った。考えたこともない。これまで自分がフクゲンという言葉を使ったことがあるかどうかさえ意識にない。

意味はやさしい。もとにもどすことである。すくなくとも現在の日本語では、具体的な姿形《すがたかたち》を持った物について用いるように思う。たとえば「校名をフクゲンした」などとは多分言わないだろう。

「原」も「元」も「もと」である。

渋沢さんもそうしていらっしゃるから、念のために字の原義を見ておきましょう。

「原《げん》」は厂《がけ》と泉の合字（会意《かいい》字）である。川の流れのはじまり、がけからわき出る水の絵で「もと」の意を示している。

ところがたまたま広い平らな土地のことも中国ではゲンと言うので、この字があてられるようになった。「もと」の原《げん》と「はら」（平らな広い所）の原《げん》とは無関係の別の言葉なのだが、それに同じ字が使われると混乱するので、「もと」のほうは泉のほかにもう一つ水をつけて「源」の字を作り、「原」の字は「平原」「高原」などの「はらっぱ」専用にした。その使いわけがうまくゆかなくて、「原」は依然として「原因」など「もと」の意に用いられ、「源」は「源流」「起源」などごく限られた語にしか使われない。つまり「原」は「もと」と「はら」の両義があり、その「もと」の「原」と「源」とは重複する、というややこしい関係になっている。

「元《げん》」は頭部を強調した人の絵で（儿は人と同じで胴体）、頭の意。音は原と同じ。頭は人の最上部の重要な所だから「はじめ・もと」の意に用いる。

まあ漢字の字源というのは何千年も前のことで、それがそのままずっとつづくわけもないし後世を束縛することもないが、同じ「もと」でも原は「みなもと」、元は「おおもと」とでも言ったふうなニュアンスの違いは多少あるかもしれません。と言っても「原理」「原則」などの原はどっちかと言うと「おおもと」の感じだから、一概には言えませんけどね。

さてそこで「復原」と「復元」だが、これはもちろん、どっちのほうが「もとの姿により近い」という違いがあるはずがない。どっちを書いても同じことだ。渋沢さんも、いろいろ辞書で調べた末、「こういうのは、多少日本人の漢字崇拝によるあそびに近いのではないでしょうか」と書いていらっしゃる。その通りですね。

ただし、工事事務所が「復原」に決めたのはナンセンスだ、というのではありませんよ。こういう大工事となれば設計図や文書も数多いだろう。「東京駅復○工事」の見出しの字を最初に決めておかねばならないというのはもっともであり、当然である。そこで「復原」のほうがもとの姿に近そうだということになったのでしょう。「文化庁と調整の結果」はお笑いだが、業界というのは何事も「お上《かみ》の御意向」をうかがう気風があり、また下っ端役人がもったいらしく「それでよろしい」なんてお墨つきを与えたのかもしれません。

復ゲンという言葉は昔からあって使われている言葉ではない。辞書を引くと漢書律歴志《かんじょりつれきし》の「復元」が一つポツンと出ているが、これは星座の配置が数千年後にもとにもどるということで、以後への影響はない。日本では訳語として幕末・明治初めにできたようで、日本には一八六八年の『万国公法』(国際法)に権利の回復の意味で「復原」が、ついで一八八一年の『哲学字彙』にRedintegration(多分心理学用語)の訳語として「復原」が出ている。

中国でもこれは近代語で、字はどちらも書くようだ。ただ、医師が病気が治る意に用いることがあるらしい。日本の医師は「投薬により治癒」とか「回復」とか言って復ゲンとは言わないいんじゃないかと思う。お医者さんの使う言葉のことは知りませんけど。

渋沢さんへのお礼のあとに「音も意味も同じで字は二種ある言葉はほかにもありそうですね」と書いたら、建築関係では通気コウは「通気孔」とも「通気口」とも書きます、と返事をくれた。そこで、ほかにもいろいろあったような気がするぞと懸命に考えて、やっと一つ、「情況」と「状況」を思いついて書き送った。

渋沢さんははるかに実務的・科学的で、わたしみたいに寝っころがって考えたりせず、国語辞典で漢字表記が二つ（あるいはそれ以上）あるのを見て行ったそうだ。なるほど言われてみればもっとも、コロンブスの卵ですね。

二百ぐらいあった、とその書きぬきを送ってくれた。ずいぶんあるものですね。もっとも、日本昭和戦後の文部省が許容漢字を縛るためにでっちあげた愚劣ナンセンスな同音表記が多いが、そういうのを除いてもだいぶある。

わたしが寝て考えて、今にも出て来そうに思いながら出て来なくてもどかしい思いをした言葉の第一は、「降フク」であった。

一九四五年（昭和二十年）八月日本は連合国に無条件降フクした。以後七十年この言葉は数知れず見てきた。字は「降服」「降伏」二様ある。どちらかと言えば「降服」のほうが多かったような気がする。

たまたま先日読んだ青木保『「日本文化論」の変容』（'99中公文庫）という本の27ページに「一九四五年八月に、日本が連合国に降伏し」とある。同162ページには「ベネディクトは『菊と刀』の最終章「降服後の日本人」において」とある。これは『菊と刀』の訳書がこうなっているのだな、と思い、六十年前高校生のころに買った『菊と刀』（長谷川松治訳、昭和二十七年現代教養文庫）が運よく棚に生き残っていたので最終章を見ると、「第十三章　降伏後の日本人」とある。ついでに目次を見ると「第十三章　降服後の日本人」とある。

つまり長谷川氏および編集者も青木氏および編集者も、ちっとも気にとめていない。日本人ならたいていそうなのじゃないかと思う。またそれでさしつかえない。同じことなのだから。

しかしおかげで小生は七十年このかた「降伏」を見たり「降服」を見たりしてきたわけだ。

そもそもの最初、昭和二十年にはどっちだったのだろう。

八月十五日の朝日新聞にはこの語は出てこない。社史を見ると、この日の朝日には「「降伏」はもちろん「敗戦」の文字も使われていない」とある。同日の讀賣はポツダム宣言に関しての「降伏と同時に天皇及日本政府の」云々を引いてあり「降伏」の文字がある。

ただし朝日七月二十八日の記事見出しに「米英重慶、日本降伏の　最後條件を聲明」「政府は默殺」とあって「降伏」の字は見えている。これは七月二十六日ポツダム宣言の外務省訳「吾等ハ日本國政府カ直ニ全日本國軍隊ノ無條件降伏ヲ宣言シ」によるものである。

つまり昭和二十年当時は外務省の訳語によって「降伏」であったらしい。その後、従来どっちも書いていたからだんだんまた両様になったのだろう。たとえば一九〇五年（明治三十八年）六月日本海海戦に関する朝日の記事は「降服」とある。その三か月前奉天の会戦の記事は「降伏」である。従前から気にとめていないことがわかる。

「服」も「伏」も「したがう」意だからどちらでもよいのだが、降フク以外の語について考えてみると、実際には「服」が使われることが多いようである。「フクジュウする」は「伏従する」より「服従する」がふつうだし、「フクゾクする」も「伏属」より「服属」が一般だ。「クップクする」も「屈伏」より「屈服」が多いだろうし、「セイフクする」も「征伏」より「征服」が多かろう。単独のばあいも、「罪に伏する」より「罪に服する」がふつうだろうし、「労役にフクする」となると断然「服」だろう。そういうふうに強者・勝者にしたがうのは「服」を書くことが多いから、その慣れで外務省の訳語にもかかわらず「降服」が書かれるようになったのではあるまいか。もちろん書く人自身はたいてい無意識であろう。

中国でも「服」と「伏」は昔から、強者・勝者やきまりに従順にしたがう意で同じように用いられる。なお衣服の服は身にしたがう意の派生義である。

漢字は、長い間に多くの人が作ってきたものだから、同じ言葉に二種の字があることは時々ある。「原・元」「服・伏」は多分、同じ言葉に別の人が別の絵をかいたのだろう（服は舟の絵。伏は人と犬の絵）。

渋沢さんがくれたリストに「因習・因襲」があった。この「習」と「襲」もそうである。「かさねる」意の同じ言葉である。習は鳥が羽をたたんだ絵をかき、襲は人が衣をかさねる絵をかいた。論語冒頭に「学而時習之」とあるのは「かさねる」の典型的用例である。「習慣」などもちろんかさねる意。襲はいま日本で本来の意味に用いられるのは「世襲」「襲名」などがある。

「因習・因襲」は日本人が作った近代日本語である。近代日本語は多く中国に流入したが、この語は渡らなかった。マイナスの意味の語だからかもしれない。しいて中国語に訳するなら「陋習」である。

Ⅱ　やさしいことばはむずかしい

やさしいことばはむずかしい

埼玉県の久保田光さんに教えられて、増井元『辞書の仕事』（岩波新書）を読んだ。著者増井氏は長らく岩波書店で『広辞苑』『岩波国語辞典』などを編集してこられたかたである。「同感」「へえ、そうなの」「言われてみれば……」等々とうなづく所が多々ありました。

たとえば、「食う」「飯《めし》」「うまい」でいいじゃないの、どこが悪い、という所などまさしく「同感！」。

「エスカレーター」は商標名、は「へえ」の口。なるほど『日本国語大辞典』に「元来はアメリカのオーチス社の商標名」と注記がありました。たいがいだれでも普通名詞だと思ってるよね。

「言われてみれば国語辞典ってのは奇妙なものだな」はいたるところで思ったことでした。日本語を日本語で説明する、というところが奇妙だ。

小生は戦後の昭和二十四年（一九四九）に新制中学に入って英和辞典というものを知った世代である。それまでこの世に辞書というものがあることなど知らなかった。必要を感じたこともなかった。知らないんだからあたりまえですけど。

英和辞典は、その性格も用法もごくわかりやすいものですね。rainを引いたら「雨」と出てくる。birdを引いたら「鳥」と出てくる。それを同言語で説明するとなるとやっかいだが、そういうものがあるとは知らなかった。以後五年か六年ほどは辞書と言えば英和辞典のことだった。

最初に買った国語辞典は三省堂の『明解国語辞典改訂版』です。奥付に「昭和二十九年八月二十五日改訂一四版発行、定価金380円」とある。買ったのはこれよりあとであることは確かだから、高校三年の後半か大学一年のころでしょうね。なんで買ったのかおぼえていない。

高校三年は大学受験勉強をしていたころだが、当時合否決定科目は英語と数学ということになっていたからもっぱら両科目の勉強、それ以外では旺文社「研究」シリーズの『物理の研究』とか『世界史の研究』とかの類を頭から丸暗記したが、現代日本語の小辞典などに用があったとは思われない。それに受験用にしては時期がおそすぎる。

本を読んでいて知らないことばが出てきたら辞書で調べる、なんてそんなかったるいことをしたとも思えない。そんな習慣がないもの。要するに何で買ったのかわかりません。

ついでに言うと明解国語は最初の版（昭和十八年、一九四三）の復刻が一九九七年に出ているが、わたしが買った改訂版はずいぶんちがいます。分量もうんと少い。もちろん戦後の辞書だから元版にない項目もいろいろあります。〈やみいち闇市　やみ取引の品物をあつかう（バラックだての）市場。〉〈パンパン　終戦後、まちに現われた売春婦。やみの女。〉など。その分元版の項目をどしどし削ったのですね。たとえば元版には「せえそお」が「正装」など十三項あるが改訂版では「せいそお」が「生草」など十項。見出しの表記も違うこと見ての通りです。

増井著にこういう所がある（217ページ）。

〈ことばの意味を記述する上で一番難しいのは、誰もがよく使い、そのためにあらためて意味など考えたこともないような、やさしい、基本的な語の解説です。「ある」「いる」「もの」「こと」あるいは「取る」など、こうしたことばは他のことばの解説中には必ず出てくるものですが、これらを見出しとして、その意味を分かりやすく書くことが可能でしょうか。どうぞ、「ある」ということばを「ある」を使わずにやさしく書くという作業を想像してみてください。〉

言われてみればそうだよねえ。これら説明用語以外にも、「雨」とか「三」とか「小さい」とか、やさしいことばはいくらでもある。そんなのを国語辞典で調べる人があるとは思えない。そういう所に力瘤が入っている。奇妙なものだと思ったゆえんです。

ふつうの人は、「雨って何？」と言われたら「そりゃあ、雨は雨だよ」と言うでしょうね。それで正解である。「ほら時々あるだろ？　空の上から水が落ちてくること」なんて言わないと思う。第一「雨って何？」と言う人がいない。

『広辞苑』で「雨」を引くと「大気中の水蒸気が高所で凝結し、水滴となって地上に落ちるもの。」とある。この説明がわかって雨を知らない人があるとは思えない。

「三」を引くと「数の名。みつ。みっつ。」とある。「みつ」を引くと「数の名。さん。みっつ。」とある。「みっつ」は「ミツの促音化。」とある。堂々めぐりだ。さすがの広辞苑もお手あげですね。

日本の最初の国語辞典、少くとも最初期の著名な国語辞典は明治二十二年の『言海』である。冒頭に「此書ハ、日本普通語ノ辭書ナリ。」とある。「雨」は「雲ノ、冷エテ水トナリテ、滴リ降ルモノ。」とある。「三」は「ミ。ミツ。」とある。「み三」は「一ト二トヲ合ハセタル。」とある。

ふつうの人がふつうに使っていることばを、その語を用いないで、その言語で説明するのはむずかしい。しかも誰の何の役に立つのかわからない。何語《なにご》であれ事情は同じである。

英語の辞書でrainを引くとwater that falls in small drops from clouds in the sky（空の雲から小滴でおちる水）とある。rainを知らない人が「おおこれでわかったぞ」と膝を叩くとは思えないこと上と同様である。これがわかる人ならその前にrainを知っている。

この辞書でthreeを引いたら「3」とあった。正解だけどあんまり愛想がないから、もうちょっと親切そうなのを引いてみた。equivalent to the sum of one and two（一と二の計に等しい）とありました。言海と同じですね。広辞苑がこの手を使わなかったのは、三を知らない人に一と二の知識を前提として説明するのはずるい、という判断でしょうか。

中国にも国語辞典があります（「国語辞典」とは言わないけれど）。「雨」は（中国簡体字は繁体字に直して引きます）「從雲層中降向地面的水。」（雲層の中から地面におちる水）。「三」は「二加一後所得的数目。」（二に一を加えて得られる数）です。これも引く人がいるとは思えないけど。

ああ、「ある」以下のことを忘れてました。広辞苑の「ある」を見ましょう。長いから、前置きの部分だけ。

〈ものごとの存在が認識される。もともとは、人・動物も含めてその存在を表したが、現代語では、動きを意識しないものの存在に用い、動きを意識しての「いる」と使い分ける。人でも、存在だけをいう時には「多くの賛成者がある」のように「ある」ともいう。↕無い〉

力瘤が入ってますね。

「ある」に丁度あたる英語はない。「ここに箱がある」は Here is a box. だから「ある」は is, are だとも言えようが、「箱がある」となるともうわからない。

中国語にも丁度あたる語はない。「ここに箱がある」は「這兒有箇箱子」だからこの「ある」は「有」である。このばあいの「有」は「表示存在」(存在をあらわす)つまり「存在」である。「存在」は「事物持續地占據着時間和空間」(事物が持続的に時間と空間を占拠している)である。明快ですね。だけど「ある」はむずかしい。日本語では「人がそのことを認識する」という契機が重要らしく、中国語ではそうでなさそうだ。

「もの」「こと」も説明中に用いられることばであり、それ自体が説明の対象になることは辞書以外ない。広辞苑の「もの」項には(初めの所だけ)、

〈形のある物体をはじめとして、存在の感知できる対象。〉

とある。「こと」は、

〈意識・思考の対象のうち、具象的・空間的でなく、抽象的に考えられるもの。「もの」に対する。〉

「もの」と「こと」とは対照的なのですね。その「こと」の説明中に「もの」が出てくるが、これは「対象」の代語。もう一ぺん「対象」はダサイし、「こと」は使えないからね。

英語には「もの」と「こと」の区別はなさそうだ。thing は両方にまたがっているようです。

中国語では「もの」は「東西」である。辞書の「東西」項の「泛指各種具体的或抽象的事物。」（各種の具体的あるいは抽象的事物をひろく指す）を見れば「こと」も入るようだが、そうは思えない。

「こと」にあたるのは「事」「事情」などだろう。「事」は辞書に「事情」とある。「事情」は「人類生活中的一切活動和所遇到的一切社会現象。」（人類の生活中のあらゆる活動およびく出会うあらゆる社会現象）である。この「事情」の説明は広辞苑の「こと」の説明よりよいと思う。地震や火事は「もの」ではなく「こと」だろうが、これなら含まれる。

中国には昔から辞書がある。どれくらい昔からあるかわからないが、二千年前ごろにはもうあった。ただし、ふつうの人がふつうに使うことばを自言語で説明した辞書ができたのはつい最近、二十世紀半ばである。

　では昔の辞書というのは何かと言えば、文字の辞書、つまり漢字の辞書である。典籍に用いられた字の辞書である。それも古い典籍を尊重するから、あとの時代になるほど、現実に用いられていることばとは縁が遠くなる。縁が遠いから研究心をかきたてられる。いつの時代でも中国人は、同時代のことばには概して無関心・冷淡であった。

　しかしことばと文字とはかさなる部分が多いことは事実である。後漢の許慎《きょしん》の『説文解《せつもんかい》字《じ》』（A.D.100ごろ）をのぞいてみましょう。ことばの説明としてよくできていると思うものもある。

　たとえば「雨」。「水從雲下也」（水が雲からおちるのである）。これはいいですね。雨を、「雨」を使わずに簡潔的確に説明している。

　当該語を用いないで説明するという原則を立てているわけではない。たとえば「路」は「道也」（道である）。では「道」は、と見ると「所行道也」（行く道である）と道を使っています。

　その「行」は「人之歩趨也」（人のあゆみである）。「歩」はふつうのあゆみ、「趨」ははや足、歩趨であゆみ一般。

　あるいは「小」は「物之微也」（物のちいさいのである）。「鳥」は「長尾禽總名也」（尾の長いとりの総称である)。

　増井さんのおっしゃる通りやさしいことばを説明するのは難しいが、これらはよくできているると思います。

「人事を尽して天命を待つ」ふたたび

前著『漢字雑談』で「人事《じんじ》を尽《つ》くして天命《てんめい》を待《ま》つ」という言葉について書いた。簡単に要旨をくり返します。

「人事を尽して天命を待つ」というのは、よく聞く言葉であり、よく口にする言葉である。意味はどなたもごぞんじの通り、やれるだけのことをやってあとは天命、といったところでしょう。もちろん人により場合によって自由に使ったらいい。たとえば「天命を待つ」を「まああとは社長の御意向次第だなあ」の意味で、といったふうに。

この言葉を、『広辞苑』などいろんな辞書で引いてみた。

意外だったのは、現在の日本語のよりどころとして最も信頼度の高い、小学館『日本国語大辞典』第二版（以下「日国」）にのっていた用例だった。

一九五八年（昭和三十三年）の、浦松佐美太郎「南極探険」という文章の一部、「全く人事を尽して天命を待った感があり」云々を引いている。なんと、この辞典の調査力をもってしても、明治、大正、昭和戦前の用例が見つからなかったのですね。

この辞典の調査は広範囲なものだが、新聞は見ていない。新聞を調べるとなったらこれはどえらいことだから、見ていないのはしようがない。であるから、明治、大正、昭和戦前、八十年ほどのあいだの新聞記事のなかには、あるいは「人事を尽して天命を待つ」という言葉が出てきたことがあるかもしれません。それはわからない。

それはわからないが、書籍の文には出てこない。よく耳にし口にする言葉だが、文章の中で用いられることはほとんどなかったらしいことがわかる。

次にこの言葉の出処です。これは「人事を尽して天命を待つ」というかなまじり文だけでなく、「尽人事待天命」と漢文の形をしたもの、あいだに何か「尽人事而待天命」などと「そして」の意味の字がはさまっているもの、返り点がついているもの、なども含みます（そのことは以下も同じです）。

広辞苑などたいていの辞書が「胡寅、読史管見」と書いている。――以下言うまでもないことながら、「読」と「讀」と、「尽」と「盡」とは同じ字です。ゴッチャに出てきますが、どっちが出てきても同じ字、と思ってください。他の正字、略字も同様。

胡寅《こいん》（一〇九八―一一五六）は中国の宋代の学者、官僚です。『読史管見《とくしかんけん》』はこの人が書いた歴史についての本です。どの辞書もこの本のなかの「尽人事而待天命」という部分を

(それだけを)引いてある。大修館書店の『大漢和辭典』(いわゆる諸橋《もろはし》大漢和)もそうです。「〔胡寅、讀史管見〕盡㆓人事㆒而待㆓天命㆒」とあるのみ。

これはあきらかに変ですね。特に諸橋大漢和は、昔の書物から文を引く場合、もっと前後を長く、どういうことを言っている部分かわかる程度に引く。

であるからこの場合、諸橋大漢和は(もちろんほかの辞書も)『読史管見』という本を見ていないことは明白です。見ていれば読史管見のどの部分に出てたか書く。何かネタにしたものにこの七字だけが出ていたので、こんなポツリとした引用をしているわけだ。『読史管見』という本を見るのをサボった、あるいは見ようとしたが見つからなかったわけですね。

中国の辞書はどうだろう。圧倒的に内容が充実し信頼性が高いのは上海辞書出版社の『漢語大詞典』である。「盡人事」の項に、「宋胡寅《致堂讀書管見》盡人事而待天命。」とある(致堂は胡寅の号。讀書は讀史の誤植)。

あきれたね。日本の諸橋大漢和を右から左へ写しただけ。自分ではなんにもやってない。中国の知性と良心とを結集して作った漢語大詞典にも、部分的にはこんなズボラな所もあるんですね。大部の辞書だから大勢の人が手分けしており、人によってはこんなイカサマで給金を取ってたやつもあるんだろうか。

以上が前著のあらましです。

前著を見て畏友影山輝國が、中国の資料をいっぱいつけた手紙をくれた。

その前に日本の用例ですが、前著で日国が、浦松佐美太郎の戦後の文「南極探険」を引いていることを言った。これはもちろん、日本語の文章のなかで「人事を尽して天命を待つ」が出てくるなるべく早い時期のものをあげたわけです。

この語の漢文訓読型だけ、前後なしのものなら、明治二十二年の大槻文彦の辞書『言海』の「人事」の項に、「人事ヲ盡シテ、天命ヲ待ツ」とある。これが日本で最も早い。明治前半にはもうあった言いかたなのである。しかし明治、大正、昭和戦前の文人が誰も文章のなかで用いていないようだから（あれば日国が拾う）、書生っぽあたりの生意気な口頭語だったのではなかろうか。

影山が、西郷南洲が「尽人事俟天命」とかいた書の写真を送ってくれた。右の推測を裏がきするものだろう（ただし本物であるかどうかはわからない、とのこと）。幕末維新ごろの若い下級武士あたりが「人事を尽して天命を待つじゃのう」なんぞと言っていたのでしょう。――なお「俟」は「まつ」をこの字で書いたもので同じことです。

さて影山が送ってくれた中国の資料たくさん。

同様の言いかたが、日本より千年ほども前から、中国にはいくらもあった。

言葉はちょっとちがう。「尽人事聴天命」である。これでこそ中国語らしい。「聴」は、ゆだねる、まかせる、したがう、といったほどの意。だから「尽人事委天命」と言うこともあるが、無論意味は同じです。

影山が調べたところでは「尽人事待天命」がたった一例だけあった。清《しん》代の医者の言葉で、病人に対して医者として打てるだけの手は打った、あとは天命、と言ったものである。孤例ですね。

なおこれは中国の医者の発言だから、日本人が日本語で漢文訓読する必要はさらさらないが、もし強いて日本人が日本語でこれを漢文訓読するとしたならば、「人事を尽して天命に待つ」ですね。「を」ではなく「に」です。まかせる、ゆだねるの意です。ただし、中国人の中国語の発言なんだから、日本語で訓読する必要はもちろん全くありません。

明治以後の日本人が「天命を待つ」と言ったのは、いかにも日本的な、日本語的な発想です。

日本人の「尽人事待天命」の出処を宋の胡寅の『読史管見』とした最初は、戦後、一九五〇年代半ばの諸橋大漢和である。なお、管見の「管」は細いくだ、「管見」は細いくだから見たせまい見解、の意で、つまり「わたしの見解」の意の謙辞である。

「盡二人《ジン》事一而待二天命一」の語自体は諸橋大漢和よりずっと早く、大正二年（一九一三年）の池田四郎次郎『故事熟語大辭典』（寶文館）に出てくる。池田四郎次郎は「此の語未だ出処を検出せず」と書いている。つまりこういう語はあり、それは必ず中国のしかるべき典籍に由来があるに相違ないのだが、自分はそれを見つけることができなかった、ということですね。

そしてその代りに、日本の江戸時代の学者貝原益軒《えきけん》の著書『初学知要《しよがくちよう》』の次の個所を引いている。

〈學者之於二患難一、只以レ義處置了、而後須二放下一、是盡二人事一而後委二天命一也。〉

これは「委天命」ですね。いかにも中国語らしい。

右のうち、「處置」（日本語と同じ）「了」（おわり）「放下」（ほっとく）は中国の白話《はくわ》文（口語体の文）によく出てくる言いかたです。貝原益軒（一六三〇—一七一四）は江戸時代の早い時期の人だが、中国から入ってきたばかりの新しい本をよく読み、それにならって文章を書いていたことがわかる。だからこれは、漢文には相違ないが、伝統的な日本人の漢文とはちょっとちがい、同時代的な中国人の言いかたを取り入れたナウい日本漢文です。まあたとえてみれば、昭和戦前までのイギリス人の謹厳な英語を忠実にまねた日本人の英語に対して、戦後の日本人のアメリカ英語を大胆に取入れた言いかた、といったところでしょうか。
貝原益軒のことからちょっと話がそれました。もとにもどります。胡寅の『読史管見』である。

諸橋大漢和は「胡寅、讀史管見、盡㆓人事㆒而待㆓天命㆒」と書いてはいるが、読史管見という本そのものを見ていないことは明白である。それは、読史管見のどのパート、と書いてないことだけでもわかる。

それじゃ読史管見という本の題をどこで拾ったのか。わからない。何か日本で明治以後に出たアンチョコのようなもの（日本人が漢文を書いたり漢文訓読調の文を書いたりする時に手っ取り早く使える手軽なネタ本）があって、それに「胡寅、読史管見、尽人事而待天命」とあったので、それをちょいと拝借したんじゃないかと思います。

この読史管見という本は、影山が調べてくれたところによると、清《しん》の康熙《こうき》年間（十八世紀）に刊本が出ていて、ほどなく日本にも入ってきたらしい。全三十巻、というからかなり大部のものである。二十一世紀初め現在、東京だけでも、国会図書館、国立公文書館など六セットもあるとのこと。つまりそうめったにない本というものではなく、わりあいポピュラーな本なのですね。中国では二〇一一年に排印本が出ていて、影山は早速手に入れてコピーを送ってくれた。

昭和三十年ごろ（一九五〇年代）に諸橋大漢和を作った時、なんで点検しなかったのだろう。全三十巻のどこに出てくるやらわからないたったの六字か七字を捜すのはたしかに大変だ。だから多分横着したのだろう。あるいは一通りめくってみたが見すごしてしまったのかもしれない。わたしもいくらもおぼえがあるが、何冊も何十冊もの本のなかから特定の数字を捜すというのは容易なことではない。たいていは見すごしてしまって無駄骨に終る。だからたとえば漱石全集の索引などができるわけだ。

影山が調べたところでは、『読史管見』という本の、どこにあるやらわからない「尽人事待天命」を、初めからめくって行ってついに見つけ出した最初の人は金岡照光先生で、一九九〇年ごろのことである。金岡さんはわたしどもの少し先輩で、よく研究室へいらしていたから何度もお目にかかったことがある。いつもにこにこしているおだやかな親しみやすい人だった。たしか当時東京教育大学だったか東京外国語大学だったかの先生だったと思う。影山は中国語を教わったとのことである。

見つかったのは読史管見の巻八、晋《しん》紀、太元八年（三八三）の淝《ひ》水《すい》の戦いのところで、

〈謝公以宗社存亡決之、盡人事聽天命、蓋無遺策矣〉

とある。謝公は東晋の謝安である。

これでいよいよ諸橋大漢和が（もちろんその他の日本の辞典類も）ほんとうに読史管見

という本に「尽人事待天命」とあるのか、確認していないことがはっきりした。中国で昔からふつうに言う通り「聴天命」である。

右のごとく、大部な本のなかのある言葉をあげる際には、それがその本のどこの部分に出てくるのかを書いておくのが常識でありエチケットである。それはもちろん日本だってそうだ。たとえば古事記に出てくるある言葉を示すのだったら、それが古事記のどこの部分に出てくるのかを明記しておくのが常識でありエチケットだ。

その基本をやっていないのだから、諸橋大漢和も広辞苑もその他の辞書もみんな落第である。そもそも見てないんだからしょうがないけど。

金岡先生はそれを捜して見つけて、御自分の編著『三省堂中国故事成語辞典』(まえがきは一九九一年二月づけ)で示して、翌三月に亡くなったそうだ。ほとんど執念を感じますね。

ところが今は、影山の手紙から察すると、コンピューター(パソコン?)でポンポンとやるとすぐに見つかるらしい。いやもちろんわたしはコンピューターのコの字もわからない人間だから、どういう仕掛《しかけ》なのか知りませんけどね。

胡寅が読史管見を書いたのは宋の紹興二十年から二十五年のころ(一一五〇から一一五五年のころ)で、影山によればそれよりちょっと早く紹興五年(一一三五年)に李綱《りこう》という人が書いた上奏文に「盡人事以聽天命」という所があるそうである。だから引くなら胡寅より李綱のほうがよかろう、とのことである。それはその通りだ。最初の用例はちょっとでも早いのを取るのがよい。

いえもちろん、胡寅が李綱の上奏文を見てそのまねをしたというのではありませんよ。両人は別々に同じことを言っている、というだけのことです。

そしてまたもちろん、李綱がこういう新奇な言いかたを発明したというのでもありません。そういう言いかたが一般にあって、時にはそれを文字に書いた人もあって、そのなかで李綱の書いたものと胡寅の書いたものがたまたま今日まで残った、というだけのことです。

いつごろからそういう言いかたがあったかもともとよりわからないが、宋代のころ、十二世紀のころにはもうあったということです。

日本の「人事を尽して天命を待つ」という言いかたは、多分幕末明治のころに、書生っぽか下級武士か、若くて元気のいい連中が言い出したことだろう。

と言ってももちろん、なんにもない所から全く新規にそう言ったわけではない。中国に古くから「尽人事聴天命」という言いかたがあって日本にも伝えられていたから、それをちょいと日本人感覚に変えて言いかえたのである。意識的に「日本人感覚に言いかえてやろう」と思ってのことだったかどうだったか、そりゃわからない。もしかしたらちょっと言いそこなったのかもしれない。わかりません。

だから諸橋や広辞苑を初め日本の辞書が、「人事を尽して天命を待つ」という日本語について（それを漢字ばかりで書こうが下から上へひっくり返ろうが日本語であることに変りはない）、読史管見であれ何であれ、出処が中国の典籍である、中国から入ってきた典籍の語である、というのはまちがいですね。これは日本人が言い出して日本でだけ広く通行している日本語です。

特にわたしは、「天命を待つ」の「を待つ」、さらに言えば「を」を、日本人の感覚だなあ、日本語の感覚だなあ、と思う。

江戸時代の漢文先生や漢文学生なら、「天命に待つ」と言ったろう、「に」と言ったろう、と思う。「に」なら「天命にまかせる、ゆだねる」ですね。

「天命を待つ」は、日本人的、日本語的、という感じがします。

右原稿影山に送ったら、影山は教え子で新聞を調べている人に問合せてくれた。それでこの語について左のようなことがわかったとコピーを送ってくれた。

大正十三年（一九二四年）九月十九日の東京朝日新聞、十二面の「探してゐるもの」の欄に文学博士宇野哲人がこう書いている（字は今の字で写します）。

〈人生《じんせい》は果《はた》して一切宿命《さいしゅくめい》に因《よ》つて支配《しはい》せられて居《ゐ》るか、運命《うんめい》などは全然迷信《ぜんぜんめいしん》と見《み》るべきか、夫《それ》は人々《ひとぐ》の見解《けんかい》によつて違《ちが》ふことですが、自分《じぶん》は「人力《じんりよく》を尽《つく》して天命《てんめい》を待《ま》つ」といふ言葉《ことば》が、最《もつと》も穏健《をんけん》と思《おも》つて居《ゐ》ます。然《しか》るにこの言葉《ことば》は、誰《たれ》が一番初《ばんはじ》めに言《い》ひ出《だ》したものか、久《ひさ》しく探《さが》して居《ゐ》ます。どなたかお心《こゝろ》当《あた》りはありませんか。〉

「人力を尽して」と言ってますね。そういう言いかたもあったのかもしれない。

これについて人から知らせがあり、宇野博士が翌大正十四年（一九二五年）一月三日の同紙に「探し当てた報告」として書いている。長いので多少前後を略して引きます。昔の新聞の複写なのでぼくの目ではよくわからない所もあります。

〈先づ中野○（隠か？）市人君より「吉田松陰が僧月性に与へた書中に、嘗てある医師の家に行きしに、其扁額に尽人事而俟天命とあつた、実に名言である云々と見えて居ります」との報告あり、次いで千葉医科大学の青木宗太郎君より詳細なる示教を辱うす。文長ければ要旨を云はんに「僕偶然徳川時代古醫方を以て高名なりし吉益東洞の文を読みて、初めて兄の探し僕も探しつゝありし名言の、実に東洞氏に出づるを知りたり。復有馬雲鳳書云、不佞昔年答問云、尽人事而俟天命云々これ全く東洞の造語にして、依て以て自家醫治の方針を述べたるもの、しかも東洞の雅言する所にして、当時醫界に流伝して、東洞派醫師のモットーとなれるもの〻如し云々」とあり。〉

吉益東洞（一七〇二―七三）は江戸時代の医者。この人が最初に「人事を尽して天命をまつ」（あるいは「天命にまつ」）と言ったらしい。その「まつ」は最初のころは「俟」の字を書くことが多かったようです。どっちにしても最初は医者が、やれるだけのことをやってあとは天命だ、のつもりで言ったらしい。十八世紀の医者の言葉がどうつたわって十九世紀の一般語になったのかそれはわかりません。

影山はその後さらに調べてくれて、この語を吉田松陰の書いたものに発見した。『講孟余話』（岩波文庫）の盡心上首章に左のように出てくるとのことである。

〈時に良哲が家の屛風に、盡人事以俟天命と云語のありたるを覺ふ。當時予始て此語の醫療の事に就て發明すべきを知る。〉

やはりもとは江戸時代の医者が医療のことについて言い出したことだったのですね。影山は、吉益東洞の発言は「当時の医学界に大きな反響を呼んだようです」と言っている。

なお浦松「南極探険」のように文の中でこの語を使うことはあまりなかったのかもしれない。

「文学」のおはなし

前々から、「文学」というのはちょっと変な言葉だなあ、と思っておりました。ふつう「〇学」というのは「〇の学」「〇についての学」である。医学、法学、農学、数学、あるいは生物学、地質学、経済学等々、みなしかりである。

しかしいま日本で言う文学は「文の学」「文についての学」ではない。それどころか「学」でさえない。詩や小説、主として小説である。たとえば「現代（あるいは近代）日本文学」と言えば、樋口一葉や夏目漱石などから始まって、三島由紀夫とか司馬遼太郎とか田辺聖子とか、ほとんど小説である。つまり芸術の一分野である。

今の日本語「文学」について広辞苑にはこうある。

②（literature）言語によって人間の外界2および内界2を表現する芸術作品。詩歌・小説・物語・戯曲・評論・随筆などから成る。文芸。

大辞泉はこうである。

①思想や感情を、言語で表現した芸術作品。詩歌・小説・戯曲・随筆・評論など。文芸。

いずれにしても詩歌小説などの芸術作品である。どちらもおしまいに、文芸のことですよ、と念を押している。

今の日本語の「文学」は広辞苑の言う通りリテラチャの訳語であり、もちろん意味もリテラチャに等しいが、それを「文学」と訳したのは明治初期の学者西周《あまね》なのだそうである。鈴木修次『漢語と日本人』('78みすず書房)にこうある。

〈学術用語の歴史において、西周がはたした役割は大きかった。西周は、明治三、四年のころ、私塾の育英舎において、西洋諸学の訳語をきめながら解説するという講義を行ない、そのノートが『百学連環』と題して残されているが、それによれば、早くも「学術」「技術」「芸術」「文学」「哲学」「心理学」「生理学」「地理学」「物理学」「化学」「天文学」「地質学」「鉱物学」「植物学」「動物学」などの訳語がくふうされている。「文学」は、『百学連環』の頭注ノートに示されている。〉

まず、その『百学連環』にいたるまでの西周を、極力簡単に御紹介いたしておきましょう。

文政十二年(一八二九)石見国《いわみのくに》津和野(いま島根県)の生れ。勉強大好き人間で、江戸に出て中浜万次郎（ジョン万）に英語を学び、幕府の蕃書調所《しらべしょ》（のちの東京大学）教授手伝並になったが、やっとオランダ留学の幕命がもらえたのは数え三十四の文久二年（一八六二）だった。翌年から二年間ライデンで勉強、慶応元年（一八六五）帰国、幕府が倒れてあちこちしたが、明治三年（一八七〇）新政府に召されて東京へ出、十月浅草鳥越に居を定めて、十一月自宅で私塾育英舎を開き「百学連環」の講義を始めたのである（引用の漢字は今の字で書きます。以下同）。

今ある『百学連環』は受講生永見裕のノートである。実に立派なノートだ。わたしは総論しか持ってないのだが、最初に「百学連環 Encyclopedia 第一総論 Introduction」とある。百学連環とはエンサイクロペディアで、西洋の学問を、人文科学も自然科学も含めて、全部教えようというのである。冒頭一行めのギリシャ語から始まって横文字がぞろぞろ出てくる。もちろん西先生は黒板か何かにスペリングを書きながら教えたのだろうが、それにしても長いギリシャ文字なんてよく筆記したものだ。幸い大部分は英語なので、わたしは以下英語はカタカナにして申します（引用内を除く）。

総論には「文学」が、小字の注も入れて四回出てくる。

〈此の如く文化の功徳たる四通八達既に至らざる所なし、故に苟も文学なかるべからず、文学なくして真の学術に至るなかるべし文学は学術に異なり〉

「学術」は上にサイエンスアンドアートとして詳しい説明がある。

〈文と道とは元ト一ツなるものにして、文学開くときは道亦明かなるなり、故に文章の学術に係はる大なりとす、(…)文盛むならずんば道開くるの理なし〉

右のごとく、「文」「文学」「文章」を同義語として用いている。リテラチャである。

〈Literature 即ち文章たるものは学術に大に関係するものなるが故に、箇条に依て人を撰ばざるべからず、(…)文章に五ツの学あり〉

以下、リテラチャを「五ツの学」にわけている。レトリク(文章学)、ポエトリ(詩)、ヒストリ(歴史学)、フィロロジ(語原学)、クリティシズム(論弁学)の五つである。かっこ内は西の訳語。

まあだいたい、リテラチャは、学術を研究するための手段たる、広い意味での言語文章についての学、ということとのようである。

西周の文学(リテラチャ)は学であり、今の日本語の文学とはよほどちがう。西の「文学」ならば、これはまさしく「文の学」「文についての学」である。

今の中国の外来語辞典で「文学」を引くと、左のようにある。極力もとの語を用いて和訳して示します。「源日」は「もとは日本語」の意です。原文横書き。

〈言語・文字を手段として客観現実を形象化的に反映した作品。詩歌・小説・散文・戯劇等。源日bungaku。古代漢語『論語・先進』「文学は子游・子夏」より。英語のliteratureを意訳したもの。〉

つまり、今の中国語の「文学」は日本語のブンガクから来たものである。ではその日本語のブンガクはどこから来たかと言えば、その語は古代中国の論語から、その意味は英語のリテラチャから来ている、ということですね。

言葉の素姓を洗う時には、その語（字並び）がどこから来たかという点と、その意味内容がどこから来たかという点とを、わけて考えねばならぬが、この外来語辞典はそれをちゃんとやっている。

江戸時代の日本は鎖国して西洋人を入れず、西洋人が来るようになったのは明治維新以後だが、中国へは少し前から入っていた。それら西洋人が作った英語－中国語の辞書（それをふつう「英華字典」と呼ぶ）もぼつぼつできていた。

それらのうち、群を抜いてヴォリュームがあり内容もすぐれていて、その後の近代中国語、さらには近代日本語に大きな影響を与えたのが、ロブシャイドLobscheidの『English and Chinese Dictionary』である。ふつう、ロブシャイドの英華字典、あるいは単に、ロブシャイド、と呼ぶ。全四部二千ページ強、最初のA～Cが出たのが一八六六年（日本の慶応二年)、おしまいのR~Zが出たのが六九年(明治二年)。写真を見ると、英語と漢訳とその広東発音・北京発音でびっしりうまっている。中国語は地域によってちがうが、広東語と北京語で代表させたわけだ。字は漢字で共通である。

森岡健二『改訂 近代語の成立 語彙編』(平成三年明治書院)は、ロブシャイドの出て来ないページのほうが少いんじゃないかと思うくらいロブシャイドが出てくる本である。

ロブシャイドが作った、もしくは採用した漢訳語で、今の中国人や日本人があたりまえのように使っている語が数々ある。宗教用語・教会用語が多いのが、少くとも小生にとってはイヤなところだが(だからロブシャイドという人は多分広東にいたキリスト教の宣教師であったに相違ない)、そういうのはどけて少し御紹介しましょう。と言っても、ロブシャイドがキリスト教用語のつもりで作った(採用した)漢訳語を、今の日本人はキリスト教意識なしに使っているばあいも多いから、そういうのもまじってきます。英語はカタカナで。そのあとの漢字がロブシャイドの漢訳語です。

リバティ自主自由。フリーダム自由 自主不覊。ピープル人民平民。ビヘイヴィア行為行動 挙動。アクション行為 所為 品行 作為。アクター俳優。コムペア比較。クリエイト創造。ジャッジ判断。クリティク批評。エフェクト結果。リテラチャ文学。マンカインド人類。マセマティクス数学。エレクトリシティ電気。ジェラシー嫉妬。グラマー文法書。ナレッジ知識。イマジネイション想像。

ごらんのように「リテラチャ文学」がある。Lの部が出たのは一八六八年（慶応四年・明治元年）だから、西周の育英舎百学連環より二《に》三《さん》年早い。ロブシャイドは香港で出て日本へも多数入ってきたようだから、西周が西洋語（英語）の日本訳語を作るに当って参照した可能性は大いにある。

しかしロブシャイドと西周がそれぞれ独自に、ロブシャイドはリテラチャを「文学」と中国語にし、西周は「文学」と日本語にし、その漢字表記が偶然一致したのかもしれない。その可能性もないではなかろう。今の中国の外来語辞典が、「文学」は日本語のブンガクから来た、としているのは、ロブシャイドを見落したか、知っているけれど今の中国語の「文学」は事実として日本のブンガクから来ている、と見たか、どっちかだろう。

ロブシャイドも西周も「文学」の意味はリテラチャだが、中国外来語辞典が言うように、語は論語先進《せんしん》の「文学子游子夏」から取っている。

これは孔子が弟子の中で特にお気に入りの十人をほめた条《くだり》である。全文は「徳行、顔《がん》淵《えん》・閔子《びんし》騫《けん》・冉伯牛《ぜんはくぎゅう》・仲弓《ちゅうきゅう》。言語、宰我《さいが》・子貢《しこう》。政事、冉有《ぜんゆう》・季路《きろ》。文学、子游《しゆう》・子《し》夏《か》。」ふりがなを附したのがお気に入りの弟子十人です。

これは人の美点を大きく四つにわけて言っている。徳行《とくこう》は身の行い、言語《げんご》は弁舌、政事《せいじ》は統治技術ということでしょう。文学は宋の邢昺《けいへい》の疏《そ》に「文章博学」とパラフレーズしてある。「文学」の「文」は「文章」（すぐれた文章）の意、「学」は博学の意である、ということである。いや、論語の「文学」がもともとそういう意味だというのではありませんよ。論語自身には何の説明もない。千年後に邢昺がそうパラフレーズしてそれで通っているということである。

そういうわけで、今の日本の「文学」は、「学」の字を使っているけれども、ちっとも学じゃない。言語による芸術作品、文芸、実際にはたいてい小説である。つまりおもしろい読み物のことである。それをなぜか「文学」と呼んでいる、というお話でした。

スルスミって何？

明治書院『漢字講座⑦近世の漢字とことば』所収、村上雅孝先生の「随筆と漢字―荻生徂徠の『南留別志』をめぐる二、三の考察―」の「2　匹如身」はおもしろかった。わけのわからん漢字三字ですね。

『南留別志』は「なるべし」とよむ。各条が「……なるべし」（……であろう）で終っているので、こんなおもしろい題がついた。だれがつけた題か知りませんけど。

村上「匹如身」の項は、その『南留別志』のこういう引用から始まる。「なるべし」で結んでますね。

〈白氏文集に、匹如身後といふは、匹如すと下よりかへる事なるを、古の点には、匹如身をつづけて、するすみとよめり、匹夫の意に見たるなるべし。〉

あとは村上先生の文である。

なんだこりゃ？「するすみ」なんて日本語があるんかいな？――、と、白氏文集より何より先にそれが気になって、とりあえず手もとの『広辞苑』をひいてみた。ありました。

〈するすみ【匹如身】（スルツミ・スルツビとも）資産も絆《きずな》もなく、無一物なこと。徒然草「世を捨てたる人の、よろづに―なるが」。色葉字類抄「単己、スルスミ」〉

へえ、徒然草にあるんですか。しかしこれではなんで無一物のことを「するすみ」と言うのかわからない。

そこでこんどは小学館『古語大辞典』の「するすみ」をひいてみた。漢字表記は広辞苑と同じく「匹如身」。「財物も係累もなく独り身であること。無一物。するつみ。するつび。」と説明があって、「人の、一物も持たず、手うち振れるをば、――といふ」〈沙石集・四〉と用例を引いてある。沙石集《しゃせきしゅう》は辞書を見ると「鎌倉時代の仏教説話集」とのことです。

この小学館古語大辞典の「語誌」項にこうあった。

〈語源未詳だが、「み」は「身」であろう。「するす」は「磨る」と関係のある語か。「匹如身」を「するすみ」と訓むのは、白楽天の詩の「匹如身後有二何事一」の「匹如身」を「するすみ」と訓んだことによるといわれ、色葉字類抄は「匹如」「単己」を「スルツム・スルツミ・スルスミ」と訓んでいる。また、訓点資料に「孤」を「するつび」

と訓んだ例もあり、古くから語源不明で語形も一定しなかったものと思われる。あるいは、男性の用いる俗語的な表現であろうか。沙石集の例から、当時すでに難義の語であったことが知られる。〔前田富祺〕〉

要するにわけのわからん語なのですね。

色葉《いろは》字類抄《じるいしょう》は、辞書をひくと、平安末期にできた「イロハ引きの国語辞書」とある。そのスの所に右のごとくあるのでしょう。なお言うをはばかることながら、前田先生が男性俗語かとおっしゃるのは、昔から女陰を「つび」と言うからですね。

ついでに『日本国語大辞典』もひいてみた。漢字は「匹如・匹如身」。引例は、色葉字類抄、沙石集、徒然草と、もう一つ一茶の「父の終焉日記」。「補注」にこうある。

〈(1)「スルスル身(＝ツルツルの身)」で裸一貫で何も持たないかたちを表音的に表わした語、「捨つる身」の変化した語、「磨臼身(するすみ)」とする説、「磨住」ですべてをなくしてしまって生活している意などともいわれるが語源未詳。(2)「するつみ」「するつび」「するつむ」等の語形もあり、古くは、古辞書・訓点資料・和漢混淆文等の漢文訓読系の文献に見られるのみである。(3)「匹如身」と書くのは、「白氏文集―二七・偶吟二首」の中の、「匹如身後有何事」の「匹如身」を「するすみ」と訓読したことによる。〉

ずいぶんいろんな説が出ているのですね。で、この(3)に徂徠が文句をつけているのを村上先生が御紹介くださっているわけである。

白居易の詩の聯は「匹如身後有何事、応向人間無所求」であること、村上先生が引いてくれている（字は村上文のまま。以下同じ）。

白居易の詩句自体はちっともむずかしいものではない。この人の多くの作がそうであるように、平生しゃべっていることばをそのまま詩にしたようなものである。

「匹如《ピールー》」は「たとえば、……のように」。「譬如《ピールー》」と同じ。今はふつう「比如《ピールー》」と言う（書く）。発音は僅かづつちがうけれど意味用法は同じことで、中国人の口からいくらでも出てくることばである。「たとえば」であるがあとに必ずしもたとえが出てくるわけではなく、「まあ何だなあ」といった感じである。英語の such as みたいなもの。千数百年前の人も今の人もふつうに同じ意味でしゃべっているのだから息の長いことばです。

「身後」は「死んだあと」。これも、今も使う語。「有何事」は「カンケーねえよ」。今の「没関係《メイコワンシ》」。

「応」は「…すべきだ」、ought to、今は「応該《インガイ》」。「向」は「……に対して」、to、今はふつう「対」。「人間」は「世の中」。「無所求」は「何も求めない」。

全体、「まあどうせ死んだらゼロなんだから、世の中そうあくせくすることはないんだよね」くらいのところ。「まあどうせ」と訳したのが匹如です。

いま中国の辞書『漢語大詞典』の「匹如」の所をひいてみたら、「比如」(たとえば)、「好似」(みたいなもの)と釈して、白居易の親友元稹《げんじん》の白居易にあてた詩「好住樂天休悵望、匹如元不到京來」と、それに対する白居易の返事のこの詩をあげている。有名な問答詩なんですね。

元稹の詩の「好住」は「元気でな」、楽天はもちろん白居易の呼び名、「休」は「するな」、don't、「悵望」は「くよくよする」。白居易が首都へ試験を受けに来て落ちたんですね、それで元稹が「くよくよすんな、もともと都へ来なかったんだと思えばいいさ」となぐさめた。それに対して白居易が「ほんとそうだよね、どうせ死んだらゼロなんだから世の中あくせくすることはないんだよね」と答えたわけだ。元稹が「匹如」と言ったから白居易も「匹如」で答えている。「まあなんだねえ、……みたいなもんだねえ」といった軽い話しことばであることがよくわかる。

昔の日本人はけっこう中国語がわかったのだが、なにぶん書物で学ぶ中国語だから、なんでもない話しことばがかえってわからない、仰山に意味ありげに受け取ってしまう、ということがある。

それはそうなのだが、それにしてもこの「匹如身」の「するすみ」はひどいね。

だいたい七言の句は二二三と切れる。「匹如、身後、有何事」である。上から三字を一語と受け取ったというのが無茶だ。上から二字「匹如」を一語としても、これを「一人ぽっち、無一物」と思ったというのが奇妙奇天烈だ。

徂徠が推測したように、匹を「匹夫《ひっぷ》の勇《ゆう》」の匹《ひつ》「ひとりきりの取るに足りない」と解し、それに「突如」「躍如」などの如《じょ》（ようす）がついたものと思ったのかもしれない。なお徂徠が「匹如すと下よりかへる」と言っているのは意味をなさない。「匹如す」なんて動詞はありません。

江戸初期の学者林羅山《らざん》がここの所に訓点をつけているのを、村上氏が引いている。昔の日本人の訓点は漢字の周囲にゴチャゴチャと符号やカナ文字がついてよみにくいし、印刷屋さん泣かせだから、整理して、漢字のよみは漢字の右につけ、送りがなは下に書いて、羅山が指示する日本語の順序にして示します。

匹如《スルツヒ》身ノ後《ノチ》ニ何《ナニ》事カ有ル、応向人間《アシフミタテヌヨノナカ》ニ求ムル所ロ無シ。

羅山の授業を弟子がノートしたもの（これも村上さんが引いてくれている）は「匹如」が「スルスミ」であるほかは右に同じ。これも「応向人間」は「アシフミタテヌヨノナカ」である。

羅山がこの時にこのよみを創作したのでないことは明らかである。昔からいわゆる「秘伝」としてそういうことになっているからそう書き、授業でもそう教えたのだ。

匹如のわきに羅山は「スルツヒ」と書き、弟子は「スルスミ」と書いている。授業の時に「両方あるよ、どっちでもいいよ」と言ったのでしょう。

「人間」を「ヨノナカ」とよんでいるのはしごくもっともだが、その上の「応向」を「アシフミタテヌ」とよんであるのは一体なんですかね。これも「秘伝」の一種なのだろうが、日本語にそういう慣用語があったのか。どっちにしても中国語の「応向」とは関係ない。だいたい「応向」は一語ではない。

村上氏が引く伊藤東涯『秉燭譚《へいしょくたん》』がこの件にふれている。

〈……古来スルスミノ身ノ後何事カアル、アシフミタテヌヨノナカモトムル所ナシトヨムト云伝フ。匹如ヲスルスミト訓ズルハ、何様ノ事ナルヲシラズ。（中略）……〉

もしかしたら村上先生が（中略）とした所で東涯が「アシフミタテヌヨノナカ」について何か感想をのべているのかもしれないが、残念ながら村上氏はこの語については全く関心を示されない。

村上氏は日本の白氏文集から「疋如」を二つ見つけている。どちらもスルスミとよんでいる。匹如と疋如は同じ。訓点は面倒だから本文だけを引くと、一つは「處分貧家残活計、疋如身後莫相関」。これは「匹如身後有何事」とちょっと言いかたがちがうだけで同じ意味ですね。死んでしまえば関係ない。もう一つは「疋如剃頭僧、豈要巾冠主」。ツルツル頭の坊主みたいなもの。どちらも「まあちょっと、……みたいな」という軽い口語です。

やや脇道ながら、右に匹と疋は同じと言った。たとえば動物や反物をかぞえる。猫一ぴきを一匹とも一疋とも書いた（今はほとんど一匹ですけど）。中国でもそうだった。

匹・疋はヒツだが、日本語では動物や反物をヒキと数える。これは古語辞典の類には詳しく出てますが、「引《ひ》く、牽《ひ》く」の名詞形なのですね。『岩波古語辞典』には、布をさらすのに引いたから引キが先で、のちに馬も牽《ひ》くからヒキと数えたのだろう、とある。

つまり動物や反物を「匹・疋」で数えるのは中国から来た。日本では動物も反物も引くからそれをヒキと読んだ（言った）。だからヒキはふつうはヒツの慣用音ということになっているが、素姓を考えれば「和語であろう」と小学館古語大辞典は言ってますね。

白居易の集に「匹如」とあったり「疋如」とあったりするのは、音が同じで話しことばとしては一つことだからです。どっちを書いても同じこと。要は中国語です。

村上先生の文を読んで、相手にしているのは中国語、という基本の観点の、一貫して全くないのがまことにまことに奇異でありました。

Ⅲ　「空巣」「人脈」など

「空巣」「人脈」など

中国で『日源新詞研究』（北京・学苑出版社）という本が出たというので買ってみた。研究者多数の共著。

「日源新詞」とは「日本から来た新語」の意。新語を中国では「新詞」と言う。「詞」はword。

新語は無論どの時点での新語であるかによってさまざまだが、これは現在（二十一世紀）の時点での新語である。

中国は一九七九年を境に大きく針路を変え、「改革開放」（市場経済）を開始した。これ以後すなわちいわゆる「八〇后《パーリンホウ》」（一九八〇年以後）に日本から入って、すっかり中国語として定着した言葉を集めたものである。

言うまでもなく中国にとって日本から入った語は外来語であるが、欧米からの外来語とは様相・性格が異る。

欧米からの外来語は音が入る。たとえば「拉丁」はラテン。「拉丁」が「ラテン」の音をあらわす。字の意味は関係ない。ただし欧米語は、ラジオを「収音機」、テレビを「電視」というふうにたいがい訳して用いるから、欧米系外来語は多くない。

日本からの外来語は文字を取り入れる。音《おと》はその字を中国式に発音し、日本での音は考慮しない。たとえば「場所」はこの字を取り入れ、日本人が「バショ」と言っていることは考慮しない。チャンソといったふうな音になる。意味は字を見ればだいたいわかることが多いし発音は中国語だから、なじみやすく溶けこみやすい。だからどんどん入り、非常に多いのである。

さてこの本に出てくる「日源新詞」を見ると、中国に入って常用されるようになったのはここ三十年以内だが、日本では昔から（わたしが子供の時分から）ある語もある。日本でも比較的最近できた語もある。

たいていは日本語と同じ意味だが、微妙にズレているもの、大きくちがうものもある。

以下御紹介いたしましょう。

「登校」。子供が学齢に達して最初の日に学校へ行くこと、とある。日本語の登校つまり「学校へゆく」にあたるのは、中国では昔から「上学」と言う。そこで日本から入った「登校」は「小学一年生第一日」と意味が特化したらしい。

「写真」。エロ写真。写真をとることは中国では昔から「照相」と言い、できた写真は「照片」と言う。そこで日本から入った「写真」は意味が特化したらしい。なお日本では若い女の裸の写真は芸術写真として通用するが、中国ではエロ写真である。本書筆者は、「写真」という語は「演芸圏のある種の特別な照片を連想させ、一定のマイナスイメージ(負面色彩)を帯びている」と、ワイセツ語を避けて、持って回った説明を施している。

「空巣」。年寄りだけの家。これは留守泥棒の意の日本語と全然ちがう。なんでこんなことになったのか。日本の中国新語辞典を見ると、「空巣＝エンプティーネスト▽子供が育って家を離れてしまった家庭」「空巣家庭＝高齢者家庭▽子どもが育って、老夫婦だけになった家」とある。これは英語に empty nest という言いかたがあってそれが「空巣」と訳され、日本語の「空巣」とは本来無関係なのではあるまいか。筆者は日本語の「空巣」の意味を無論知っている。その上で「日本語の『空巣』を取り入れた際、日本語の『空き巣』のうちの一つの意味だけを借り、その借用した意味に微妙な変化が生じたもの」と解釈しているのだが——。

日本でもわりあい新しい言葉、と思われるものもいろいろある。

「少子化」。これは『広辞苑』に「一九九二年度の国民生活白書で使われた語」とあるから、ついここ二十年ほどの言葉だ。中国も一人っ子政策で子供が減っているから早速この語を取り入れたわけである。台湾でも言っているとのこと。元来中国語でも日本語でも「人口のなかで子供の占める割合が小さい」ことを「少子」とは言わないのだが、日本政府の無理な用語が通用してしまったのですね。

わたしが、字を見ても全然意味がわからなかったのは「中水」でした。ごぞんじでした？

広辞苑を見ると、一九九一年第四版から「中水道」が登場して、説明中に「中水」がある。

〈中水道＝一般の水道（上水道）に対して、飲用には不適だが洗滌などには使用できる水（中水）の水道。処理済の下水などが用いられる。雑用水道・工業用水道など。〉

知らなかった。業界用語でしょうね。しかしこの本に二〇〇一年の朝日新聞記事「汚水を浄化、中水にして雨水と一緒に再利用する自己完結型トイレ」を引いてあるから、新聞に出てくることもあるらしい。中国でも二十一世紀になって主にビルのトイレ流し水の意で新聞で使われている。

これらほど新しくはないが、昔はなかったのが「中古車」。

わたしが子供時分にも「中古《ちゅうぶる》の自転車」という言葉はあった。縮めて「中古車《ちゅうぶるしゃ》」と言うことも、もしかしたらあったかもしれない。

『日本国語大辞典』（以下日国）で最も早い「中古車《ちゅうこしゃ》」の例は一九五七年である。「フォードやプリムスの中古車」とあるから自動車である。日国はこれを「中古車《ちゅうぶるしゃ》」ではなく「中《ちゅう》古車《こしゃ》」と判定したわけだ。

わたしはこの昭和三十年代前半ごろ、「慶応には自分用の自動車を持っていてそれで通学する学生がいるそうだ」という話を聞いて、火星人の話かなんぞのようにびっくりしたのをおぼえている。多分そのころ、アメリカからセコハンの自動車を輸入して売る業者があらわれて、それを「中古車《ちゅうぶるしゃ》」では聞きがよくないから「中古車《ちゅうこしゃ》」と呼んだのではなかろうか。そこから「中古《ちゅうこ》」という言葉もできたのだろう。

広辞苑にセコハンの「中古《ちゅうこ》」があらわれるのは昭和四十四年第二版からで、「やや古くなったもの。ちゅうぶる。「―品」「―車」」とある。

なお「セコハン」（secondhand）は昭和の初めからある。つまり「中古《ちゅうぶる》」は江戸時代からあり、昭和の初めに「セコハン」があらわれ、「中古《ちゅうこ》」は昭和三十年代以降、ということになる。

日本語「中古車」は台湾を経て二十一世紀に中国に渡った。しかし「二手車」と言う人のほうが多いとのこと。「二手」はsecondhandの訳で、日本語の「セコハン」である。「中古車」は「型式が古い車」、「二手車」は「人が乗った車」（型式は必ずしも古くない）

という感じがするとのこと。

「物流」。これは、事象としては昔からある。たとえば江戸時代に全国の米が船で江戸や大坂に運ばれていた。「物流」という言葉が新しいのである。physical distribution の訳語として作られたとのこと。輸送の主力がトラックになってからの語のような気がする。広辞苑登場は一九九一年第四版だから、できたのは八十年代だろう。中国でも八十年代から『人民日報』に出ているから、日本でできてすぐ取り入れられたようだ。物の生産と消費の間の全過程を含む語として便利だったゆえであろう。

「職場」。日本では昔からある。中国ではほぼ二十一世紀になってから使われ出したようである。学校出の知的女性が数多く会社に入るようになり、これらＯＬ（これももちろん日本から入った言葉）の社内での地位が上昇するにつれ、高学歴者が頭脳の仕事をする所を、日本語をまねて「職場」と言うようになった、とのこと。しかし日本語の「職場」は高学歴とも頭脳労働とも関係ないから、一種の曲解のようでもある。また大学出の若者の就職競争（外資系に入りたいとか）の場も「職場」と言うとのこと。これはいよいよ日本語の「職場」とは意味が違う。

中国では、肉体労働者が働く場所は「車間」、その上に君臨する党幹部のいる所は「機関」だったが、改革開放以後、そのいずれでもない「仕事の場」ができてきたわけだ。

「人脈」。昭和三十年代ごろに財界あたりでできた語ではないかと思う。「人の脈拍」からではなく、「山脈」「鉱脈」などの類推でできた語であるに相違ない。辞書登載は一九七二年の三省堂『新明解国語辞典』が早いらしい。これにも「同じ系統に属する人びとのつながりや集まりを山脈にたとえた言葉」とある。日国は一九七〇年の高橋和巳の作品を引くが、新聞・雑誌などを調べればもっと早い例があるのではなかろうか。広辞苑は昭和五十八年（一九八三）第三版からのせる。

近い語に「コネ」がある。これは荒川惣兵衛『角川外来語辞典』が、『文藝春秋』一九五三年十二月号「就職シーズンともなると、就職希望学生のあいだに、コネについての関心が、たかまってくる。コネとはコネクションの略で、縁故のことである」、『知性』一九五四年十一月号「就職といえばコネ、つまりコネクションをさがすことがまず第一というのが、このごろの就職戦線」を引いてくれている。「コネ」は昭和二十年代後半ごろ、大学生の就職関係用語としてできたことがわかる。

「人脈」は政財界などで言い、「コネ」は学生が使うにしても、「（有利にはたらく）人のつながり」という意味は共通している。「人脈」「コネ」にあたることは従前からあったのだが、「縁故」「つて」などと言っていたのである。

人脈、コネを中国では「関係《コワンシ》」と言った。人が生きてゆく上で致命的にだいじなことで、「関係《コワンシ》」は最重要語であった。

「人脈」はぎりぎり二十一世紀近くに中国に入ったようである。

この本が、二〇〇三年に出た『当代漢語新詞詞典』の「人脈」項を引いている。それが「脈状の社会関係（多く良好な関係）」として『市場報』（二〇〇〇・一一・一九）の記事を引いている。

〈大多数の、職場で急速出世（平歩青雲）する麗人たちは、皆一つの特質を持つ。高い交際技術（高超的人際技巧）と豊かな人脈（豊沛的人脈）を擁していることである。〉

多分上海あたりの外資系企業であろう。高学歴女性が働くオフィスとして「職場」が出てくる。「麗人」も、いかにも、才色兼備、という感じだ。そして、そういう会社で出世階段を登るには、頭のよさだけでなく、人づきあいの巧みさと豊富な人脈が必要だというのである。

なお「人際」も新しい言葉である。多分「国際」の類推からできたのだろう。

「人脈」は、庶民が生存するのに絶対必要な「関係《コワンシ》」よりも高いレベルの人のつながり、のニュアンスで使われているようである。

右『市場報』記事は、ピカピカの新語でできている、という感じを受けました。

日本新名詞

こんな話がある。

張之洞《ちょうしどう》は二十世紀の初めごろ（日本で言えば明治の三十年代ごろ）の清《しん》帝国の大官である。ある時部下の者に文書の作成を命じた。部下が書いて持って行くと目を通していたが、突然激怒した。

「健康は日本の名詞だ！」

ベリベリと破いて丸めて、足元にひざまづく部下の顔に叩きつけた。ところがその部下少しもあわてず、

「名詞も日本の名詞でございます」

と申しあげた。張之洞ギャフン。——という話である。

この話、あんまりよくできているから作り話かもしれない。多分そうだろう。しかしそのころの様子が実によくあらわれている。

張之洞のような伝統的高級文化人は当然日本を見くだし、日本語は中国語より格下の言語だと思っている。「健康」は日本人が、ヘルス・ヘルシイを訳した日本語である。部下が書いてきた公文書の草稿にその卑しい日本語が出てきたから、張之洞は憤怒した。

ところがその思わずどなったことばのなかに「名詞」が出てきた。名詞は日本人がナウンを訳した日本語である。——なお中国の人は「名詞」をナウンよりやや広く、語《ワード》か語《ターム》くらいの意に用いる。「健康は日本の語だ！」といったところである。

日本語がドッと入ってきていた。「健康」という語は中国にはなかったことに気づいたが、その張之洞先生も「名詞」が日本語であることには気づかず、いつの間にか使っていた、というお話である。

はい、この前（18ページからの「外来語」の項）は日本語の外来語について申しあげたので、今回は中国の外来語の話です。

日本では中国から入った言葉は外来語としないが、中国では日本から入った言葉は外来語である。日本に中国語が入ったのは非常に古くからであるに対して、中国に日本語が入ったのは比較的新しく、おおむね十九世紀末以後だからだろう。日本に入った中国語は大部分根っからの中国語だが、中国に入った日本語は多くが西洋からの語である。右にあげた「健康」「名詞」のごとく。

中国は日清戦争に負けて世界の大勢におくれを取ったことに気づき、西洋の知識・科学技術を学ばせるため多くの若者を海外に派遣し始めた。ごく上層の家の子弟は欧米へ行ったが、大多数は日本へ来た。中国から見て日本はいろいろいいことがある。

まず近い。渡航費も安いし、生活費も安い。西洋の知識や技術を要領よく取り入れている。しかもそれを「健康」「名詞」のごとく漢字にしてくれているからとっつきやすい。そこで富裕ではないが選り抜きの賢い中国青年が多数東京へ来て、日本語で西洋を学び、持ち帰った。東京で先生の話を聞いたり、話したり読んだりしていた日本語も一緒に帰った。外来語である。——なおこれら中国青年が日本びいきになったというわけではありませんよ。西洋を学びに来ただけなんだから——。しかしともかく、日本語が一緒に帰った。

外来語は中国でも「外来語」と言う。もっとも学者によっては、ランゲジの意に用いられることの多い「語」よりもワードの意に用いられることの多い「詞」のほうが適切だと、「外来詞」と呼ぶ人もある。英語のローンワードを直訳して「借詞」と呼ぶ人もあるが、日本語そのままの「外来語」が最も一般的だろう。

日本語の「外来語」はもとフォーリンワードの訳語で、のちローンワードの訳語になったという。それなら「借用語」くらいにすればよかったのに、と思うが、しかし小生ごときが苦情を言ったって始まらない。「外来語」で定着している。中国の人たちもそのまま取り入れたのである。

中国の外来語もさまざまあるが、日本語からのが多い。何千語とあるんじゃないか。数えたわけじゃないけど。

中国の日本からの外来語は、ほかからのと性格がちがう。世界のどんな言語にも多分ない特殊なものである。

外来語《ローンワード》というものは元の語の音を取り入れる。もちろん音はなまりますよ。日本語のキャベツでもサービスでも何でも、大いに日本式になまっている。しかしともかくも音を取り入れている。

中国の日本からの外来語は、その肝腎の音を無視する。字（もちろん漢字）と意味だけ取り入れる。

たとえば積極（的）はポジティブを訳した日本語である。これをそのまま取り入れた。ただしそれを日本人がセッキョク（テキ）と言っていることは全く問題にしない。チチと言う。――なお毎度申すことだが中国語の発音をカタカナで書くことは不可能なので、このチチというのは至極いいかげんです。チーチーでもジジでもジジーでもけっこう。ともかく「積極」の字を自分たちの音で言う。

日本人が西洋語を訳す際は、極力漢字の意味を忠実に使って訳したに相違ないが、そういつもうまい漢字があるとは限らないよね。ポジティブなんてやさしい英語だが訳すのはむずかしかったろうと思う。多分「積」は「つみあげる」、「極」は「はじっこ」だから「最もプラス」のつもりで「積極」、対するネガティブは「最もマイナス」で「消極」と訳したんじゃなかろうか。

積極的と消極的は教室でも話でもしょっちゅう使うありふれた言葉だから、留学帰りはそのまま持って帰って使った。新聞や文章を書くのはこの人たちだからよく出てくるが、中国の人にはわかりにくかったそうだ。

積極的の「的《てき》」は英語の -tic を音訳した日本語である。合理的、科学的、封建的など何にでもつける。初めは二字に的だが、そのうちに病的とか劇的とか一字にもつけた。

この一字つけは日本人の得意技である。いっぱいある。

たとえば「中《ちゅう》」。工事中とか授業中とか故障中とか。英語の現在進行形を訳したか、ヒントを得たのだろう。

あるいは点。問題点、到達点、要点、弱点など。ポイントの訳だろう。弱点はウイークポイントなど。

あるいは性《せい》。生産性、安全性、公共性など。

あるいは上《じょう》。歴史上、便宜上、政治上など。

その他○○面とか○○力《りょく》とか○○界とか○○式とかいくらでもある。なかには○○性と○○制（共和制など）と○○製（米国製など）、あるいは○○感（清潔感など）と○○観（先入観など）のごとく同音のものもあるが、一瞬無意識裡に頭のなかを漢字がよぎるのか、まぎれることはない。

こういうのは明治時代にはナウい言いかただだから日本の学生は好んで口にする。中国人留学生にもそのまま移る。それを中国に持って帰って遠慮なく使う。みな外来語である。

中国留学生が持ち帰った日本語は、すべてが西洋からの語というわけではなかった。西洋とは関係ない、日本人がしょっちゅう言う、ごくありきたりのやさしい日本語もたくさんあった。留学生たちは東京へ来て、日本人にかこまれ日本語を話して生活しているのだから、平易で便利な日本語が身につき持ち帰って使うのもあたりまえである。文中で使うのは漢字で書く（書ける）語である。ところがこれが日本語を知らない中国人にはけっこうむずかしかった。

たとえば「手続」。日本では「じゃ役場へ行って手つづきして来な」などとよく使う言葉である。日本で字に書くとすれば「手続き」と送りがなをつけるのがふつうかもしれぬが、中国にはひらかなはないから当然送りがなはすべて省略される。第一これは「てつづき」と読むわけじゃない。中国の人は無論ショウシと中国語で読む。日本の漢字音になぞらえて言えばシュゾクである。で手の字と続の字を眺めてもそれがつながってどういう意味になるのかわからない。書いたほうは下宿の婆さんでも知ってるやさしい言葉だと思っているが、読むほうには難語である。

あるいは「場合」。日本では「そういう場合はだな……」と誰でも言う。やさしい便利な言葉だから持って帰って使う。中国の人には勿論「ばあい」ではなくチャンホである。場と合とがつながってどういう意味になるのかわからない。

そのころ彭文祖《ほうぶんそ》という人が『盲人瞎馬之新名詞』と題する本を書いてこういうのを批判した。盲人瞎馬は、目の見えない、どっちを向いているのかわからぬ、わけのわからん、の意、新名詞は日本からの新語、の意である。

彭文祖は東京留学生の一人で勿論日本語をよく知っている。この本も東京で出版している。留学生たちに、こういう中国人にはわからん日本語を持ち帰って広めるな、とたしなめた本である。そういうまともな人もいたのだ。

彭文祖があげてある語を見ると、少しは訳語もある。目的、代価、要素、経済など。目的はオブジェクトの、代価はプライスの、要素はファクターの、経済はエコノミーの訳語だろうが、こういうのも中国人にはわからないと彭文祖は判断したわけだ。

しかし多くは、手続、場合のような純日本語である。それらを見るとつくづく、ありきたりのやさしい日本語というのは、漢字の意味とは合ってないなあ、と思いますね。

右のほかたとえば「引渡」。日本人はふつうに「誰それに引き渡した」などと言う。しかし引は綱などをひっぱる意、渡は川などを渡る意である。それがつながってなんで「ひきわたす」になるのか。

あるいは「取締」。日本では警察の取締りなどふつうの言葉である。彭文祖はほかに「取消」「取立」などをあげている。日本語の取《とり》はたいてい単なる語調である。意味はない。警察の取調べの意味は「調べ」だけであって取《とり》は語調である。取立、取引、などとなると下の字も意味を表わしていない。こういう「取」が中国人にわからないのは無理もない。

彭文祖は、「取締」は「禁止」と言えば中国人にもなんなくわかる、「引渡」は「交付」と言えばわかる、等々と懇切に説いている。みなもっともである。

それでどうなったか。

彭文祖のしごくまっとうな異議申立てはあまり効果がなかったようだ。ほとんどの語が定着している。日本帰りが平気で使うから自然にわかり他の人も使って通用するようになったのだろう。われわれが子供のころに「てつづき」をおぼえたのも、「手」「続き」の組みあわせとして理解したのではなく、「てつづき」としてわかり自分も言うようになったのだろうが、そういうふうにして中国でも「手続」も「取締」もその他皆ふつうに通用するようになったのだろう。

いま中国では、健康や名詞はもとより手続や取消も外来語とは思ってない人が多いんじゃないかと思う。

中国の西洋音訳語

この前は、近代の中国語には日本語がたくさん入っていること、その多くは西洋語（主として英語）の訳語であることを申しました。

ただし、どの言葉が日本人が作った（訳した）日本語であるか、どの言葉がもともと中国語であるかは、なかなかむずかしい。中国人は日本語だと思っているが、もとを正せば中国語、ということもよくある。

日本語みたいだが中国語、というのは主に二つのケースがある。一つは日本人が中国の典籍から語を拾ったばあい、一つは中国の西洋人宣教師が作った語のばあいである。

まず一つめ。日本の江戸時代までの学者知識人は、中国語を外国語だとは思っていない。漢字が本当の文字だと思い、漢語が正しい言語だと思っている。

幕末明治初めの知識人にもその意識は残っているから、西洋語を訳す際もなるべく中国の典籍から語を取ろうとする。

たとえば英語シビリゼーションが入ってくると、周易《しゅうえき》（易経）に「見龍在田、天下文明」とあるのを取って「文明」と訳した。だから「文明」は、外見は漢字語だが実質は西洋語である。それがのちに中国に入ると日本から来た新語としてあつかわれて、たとえば洋式の結婚を「文明結婚」、といったふうに使われる。故に「文明」は日本語、と言えばその通りだし、根は中国語、と言えばそれはそうにちがいないのである。

二つめ。日本へ西洋人が多数来始めたのは十九世紀半ば以後だが、中国は半世紀ほど早く、一八〇〇年前後から宣教師が来ている。宣教師はキリスト教を広めるのが目的だが、西洋の学問知識も教える。宣教師たちは、中国人を教えるのは中国語によらねばならぬ、と信じてまず中国語を勉強し、英語と中国語の対訳辞書すなわち英華字典を作った（訳語つくりにはもちろん中国人が協力している）。これは中国ではそんなに広まらなかったらしいが、日本に渡ってきて日本人に大きな影響を与えた。

たとえば江戸時代の日本人は化学を、オランダ語の chemie（セーミ、英語のケミストリーに相当）そのまま舎密《せいみ》と言っていた。英華字典が入ってくるとケミストリーを「化学」と訳してあるので、舎密《せいみ》は捨てて「化学」とした。のちにこれが中国に流入すると中国では「化学」は日本新語としてあつかわれた。根は西洋人宣教師が作った中国語で、中国人がそれを知らなかっただけである。

しかしこういう日本語か中国語かという素姓しらべはなかなかむずかしい。

たとえば「保険」。この語（字並び）は昔の中国の本に稀にだが出てくる。「保」は守る、「険」は険要の意である。敵との境界の山上などに砦を築いて守ることである。

生命保険などの英語インシュアランスが入ってきた時日本人が、昔の中国典籍に稀に出てくる「要害守備」の意の「保険」を知っていて流用したのかどうか、わからない。流用にしては意味が離れすぎている感じがする。偶然の一致かもしれない。それにそもそも日本人が訳語として作ったのかどうかもわからない。

『日本国語大辞典』の「海上保険」の項を見ると、一八六九年（明治二年）の『新塾月誌』第二号「支那に宅担保、命担保、船担保、或は火燭保険、海上保険と名づく」というのを引いてある。これによれば当時中国人（の一部）が保険インシュアランスを「担保」ないし「保険」と言っていて、日本人がその「保険」をまねたのであるように見える。しかし中国では当然のごとく「保険」は日本から来た語とされている。これも「文明」や「化学」と同様、日本人にとっては中国から来た中国語、中国人にとっては日本から来た日本語、なのかもしれない。

中国にも西洋語からの訳語はたくさんある。もちろんみな漢字で書く。

その前に、日本製の漢字音訳西洋語があるからそれをまず御紹介しましょう。これは早いころに日本人が西洋語の音を漢字で表わして、それが中国に入ったのである。たとえばオランダ語のガスを「瓦斯」。これが中国に入った。今もそのまま使われている。あるいはソーダを「曹達」。これは今も日本の会社名であるんじゃないかな。あるいは英語のクラブを「倶楽部」。これは音だけでなく「倶《とも》に楽《たの》しむ部《ところ》」という意訳でもある。名訳というべきでしょうね。中国に入っても音意兼訳語として用いられている。

むずかしいのは「繃帯」（ほうたい）だ。これは江戸末ごろの日本人が英語のバンデジを訳したものであることは確かである。のち中国に入って今も使われている。むずかしいのは、これが意訳か音訳か兼訳かである。ふつうの日本人は当然意訳だと思っているだろうが、ほんとのところどうなのだろう。

中国の研究者史有為はその著『漢語外来詞』で、bandage の「諧意音訳語」つまり意味を含めた音訳語とし、ただし「繃」は巻く時にのばすさまは表わし得るが巻く意はない、と批評している。言われてみると bandage と「繃帯」の音は似ているようである。訳語「繃帯」を作った日本人に音訳の意図があったのかどうか、それはその人にきいてみないとわかりませんね。その日本人の感覚では「繃」は「くるむ」意だったろうが、中国人の感覚では「繃」は「拉緊」（ピンと張る）であるようだ。なおいま日本で「包帯」と書くのは戦後の文字表記改革（日本語同発音の易しい字に変えた）による。

さて中国の西洋訳語。日本とちがって純然たる音訳語はそう多くない。むしろ意訳する傾向が強い。たとえばポケットを「口袋」、タオルを「手巾」、バスを「公共汽車」のごとく。

これは日本のカタカナとちがって中国の漢字は一つ一つが固有の意味を持っている、つまり一字一字が語《ワード》だからである。純音訳語は、その意味を無視してただの音として使おうというところに多少強引の感がある。

中国の純音訳語は、たとえばチョコレートを「巧克力」、マラソンを「馬拉松」、といったものである。しかし日本語のチョコレートやマラソンとは感じがちがう。「巧克力」は「これを食えばおいしくてしかもしっかり力がつくぞ」という印象（連想）が働かないだろうか。「馬拉松」は「馬が松の木をひっぱってる、しんどそうだなあ、先が長いぞ」という感じがしないだろうか。音訳語「巧克力」「馬拉松」を作った人にそのつもりがなくても、見るほう（聞くほう）はそういう感じを受けがちである。訳した人も多少そこを狙っているかもしれない。

それならいっそ初めからそこを狙ったほうがよい。たとえばユートピアを「烏托邦《ウートーパン》」。「烏」は「無」である。「どこにも托するところのない邦《くに》」つまり理想郷である。初めからユートピアの音訳であると共に意味を含んだ訳語として作ってある。
あるいはビタミンを「維他命《ウエイターミン》」、音はそのままであり、加えて「他《かれ》の命《いのち》を維《つな》ぐ営養素」として作ってある。営養素の語はないが「生命を維持する」と言えば営養分であることはわかる。あるいはユーモアを「幽黙《ユーモー》」、「幽《かす》かに黙ってほほえんでいる」。ほほえむという字はないが「幽《かす》かに黙ってる」と言えばニヤリとしている感じは十分伝わる。

こういうふうに、音訳であるが意味を含ませてある、というのが普通である。

わたしが、早い時期の傑作だと思うのはインデクス（索引）の「引得《インデー》」である。「引けば得られる」、ピタリである。もちろん今も広く用いられている。「得」は南中国の発音はdek（日本漢字音の得《とく》もkがつきますね）、西洋語はまず南中国（福建・広東など）に入ったから、indexを引得《インデク》と訳したのも南中国人だろう。もちろん訳した人にしてみればin-dexを引得《インデク》とするのは簡単なことで、日本人の「倶楽部」のような苦心の作ではなかったかもしれないが。

西洋語の音訳語は音をあらわすだけでなく意味をも示す、ということになれば、必ずしも原語の音だけをまねた訳語でなくていい。そこで音訳意訳兼帯語ができてくる。

たとえばビールのbeer。この音だけを示すのであれば「啤」だけでいい。なおこの口へんは「これは音声だけをあらわすのだよ」という記号です。しかし「啤」だけでは短《みじか》すぎて意味をなしがたく、語として安定しない。そこでビールは酒の一種だから酒をつけて「啤酒《ピーチウ》」でbeerの訳語とする。酒《チウ》は中国語である。音意兼帯である。これで安定する。

あるいはその酒を出して飲ませるバー。これも音訳だけなら「吧」（この口へんも音だけ記号）で足りるが、それだけでは短すぎるから上に酒をつけて「酒吧《チウバー》」とする。これで安定する。酒のバー、という意音兼帯語である。

あるいは自動車のカーcar。この音だけだったら「卡《カー》」でよいが、短く不安定だから下に中国語車《チョ》をつけて「卡車」とした。同じことの音と意味の重ねである。これで安定した。のちもっぱら運搬カー、つまりトラックの意に用いられるようになった。

なお、中国語には単なるカの音の字（語）はない。もちろん開《カイ》や看《カン》はありますよ。単なるカはない。「卡」はカーやカードのためにこしらえた（どこか民間で使っていた通俗字を借りあげた）字である。だから日本にはないわけだ。――ついでに言うとカよりももっとないのがヒである。日本語を習う中国人がヒの音を出そうとして顔をゆがめているのを、日《ひ》や火《ひ》を何でもなく言う日本人が不思議そうに見ている、というのはよく見る光景であった。母語にない音というのはむずかしいものです。

はい、もとにもどって中国の西洋訳語の音意兼帯語。小生が傑作だと思うのはアイスクリームの「冰淇淋《ピンチリン》」ですね。「冰」は日本の「氷」と同じ字。もとより、アイスと冰《ピン》とは音は全くちがう。冰《ピン》は中国語です。淇淋《チリン》はクリームの音訳。もとの南中国の音ではcreamの音淇淋《キリム》だったが、北方の音淇淋《チリン》になった。淇淋と二字ともサンズイへんをつけて水分のクリームであることを示してある。「冰淇淋」でいかにも冷《つめた》そうな感じがする。中国語の冰《ピン》と英語音の淇淋《チリン》との組合せもピッタリしている。ここまでうまくゆくと、もうアイスの音はうつしてなくてもアイスクリームの感じは十分出ている。日本語でアイスクリームを「氷《こおり》クリーム」と言ったら変だが、中国語でアイスクリームを「冰淇淋《ピンチリン》」と言うのは変でないどころか絶妙である。音をそのまま訳そうとする日本語と、意味を含めて訳そうとする中国語とのちがいですね。

中国地名カタカナ書き

明木茂夫『中国地名カタカナ表記の研究』('14東方書店)はおもしろかった。ちかごろ子供の学校の地図帳や教科書、中国地名は原音カタカナ書きなのだそうです。へえそうなの。——と言っても子供の地図帳なぞ持ってないから、手もとの帝国書院『最新基本地図２０１０世界・日本』の中国の所を見てみた。なるほどカタカナ書きで、小さく漢字を添えてある。

中国の中国地図はいろいろ持っていて見ることもよくあるが、日本の世界地図の中国の所はついぞ見たことがなかったらしい。

これは小生だけのウカツではないようだ。この本の著者の明木さんも、念のために自分が子供のころに使っていた地図をひっぱり出して中国の所を見て、「既にカタカナ表記になっていたことを知った時には吃驚した」「しかし、社会科の授業等でこのようなカタカナ地名を教わった覚えは無いし」と不思議がっていらっしゃる。

明木氏は大学の先生なので、学生たちにもきいてみた。反応は似たり寄ったりである。先生に言われて子供の時の地図を見て、カタカナなので愕然とした、などと言っている。一般にはあまりゆきわたってないようである。

それではなぜ明木さんはこういう本を書いたのか。それは、日本の政府および関係諸団体等がこのカタカナ書きにえらく執着していて、教科書会社や地図帳業者などに強要しているらしいことがわかってきたからである。

明木さん御自身の考えはごく穏当、常識的である。「私個人は中国地名のカタカナ現地音表記は特に必要ないと思っている」「しかし地図上の地名にカタカナ表記を加えるというのも決して悪くはない」「中国語だとこんな感じで読むんですよと書き添えるのもけっこうでしょう」といったところである。わたしも、特に強い自分の考えがあるわけじゃないが、まあそんなところだろうと思う。たいていの人がそうだろう。ところが政府や諸団体はそれではいかぬのである。

チンチョウ、チョンチョウ、チャンチョウ、ツァンチョウ、チャオチョウ。――これは明木さんが、中国地名カタカナ表記というのはこんな調子です、と列挙した所である。

わたしは多少中国のことを知っている者だが、これには参った。チンチョウは錦州かなあ、しかし金州もチンチョウになりそうだしなあ、などとウロウロする。こういうのをカタカナだけで教えられたら、そりゃたまったものでない。

中国の地名はたいてい二音節（漢字二字）である。だからカタカナにしても、長さの差、たとえばシカゴとサンフランシスコ、といったような長さの差があまり生じない。

それに、むやみに「チ」の出番が多くなるんだね。右はもちろん明木さんがそういうのを並べているのだが、この本にのっている子供用の地図帳を見ても、チャンチュン、チェンチヤン、チョンチンなどたしかにチが多い。これは、もとの中国語の音はさまざまなのが、日本語のカタカナにするとチに集中してしまうらしい。漢字で書くと、チャンチュンは長春、チェンチヤンは鎮江、チョンチンは重慶である。


外国の固有名詞はカタカナで書く。これが一般的習慣である。だから中国についてもそうする、というのはもっともである。

ただし、何語にしてもカタカナで原音を正しくあらわせるものではない。まあ近似値である。

たまたま人が見せてくれた二村晃『耳で読む読書の世界』（東方出版）という本を読んでいたら、「カタカナ人名は、所詮翻訳者が原語に似せて書いた日本語の符牒です」と書いてあった。まことにその通りですね。無論極力原音に近くすべきではあるが、厳密にはゆかない。あくまで符牒である。

ふつうの日本人は、特に意識しなくても、自然にそのことを承知している。だからたとえばある本に「ロサンゼルス」とあり別の本に「ロスアンジェルス」とあっても、当然同じことと受取っている。別の所だと思う人はいない。「こっちはまちがいだ！」と言い出す人もいない。

ところが中国地名カタカナはなにしろ「官製」だからそれがうるさいらしい。

明木先生の学生たちがたいていそれまで無関心だったことは上に言った通りだが、一人だけ深刻な記憶を持っている人がいた。試験で遼東半島を「リャオトン半島」と書いたら×だった。正解はと聞いたら「リヤオトン半島」だったそうだ。——わかります？　ヤの大小ですね。今はまた変って「リアオトン」が正解になっているそうだ。

無論わたしも、「リャオ」より「リヤオ」がよく、「リアオ」がさらによいことは認める。しかし試験でひっかけるのはかわいそうだろう。中国地名にかぎらず、学校現場では「フィリピン」が正しく「フィリッピン」は×、「マルセイユ」が正しく「マルセーユ」は×、などといろいろあるんだそうです。カタカナは所詮符牒、と二村さんが強調せねばならぬゆえんだ。

日本と中国のばあいは、つきあいの歴史が非常に長い。それも人のゆききはそれほどなく、もっぱら中国の文字や書物が一方的に入ってくる歴史である。地名も、文字で見てそれを日本漢字音読みで読んできた。原語で何と言うかは気にしない。その日本読みも、その時々の日本語の変化にあわせて変化してきた。そしてそれにすっかりなじんでいる、という事情を十分考慮しなければならない。中国人の発音に合わせなきゃ、と言ったって、おいそれとゆくものではない。またそうして何のいいことがあるかと言えば、あまりない。従来の習慣通りで何の不都合があるか、と言っても、それもあまりない。

　この本に出てくるように、西洋人との意思疎通の問題はたしかにある。西洋人はもちろん中国の地名を現地音に近く言うから、たとえば英語でしゃべっていて中国の地名が出てきても日本人にはどこのことやらわからない。英語を読んでいて中国地名が出て来てもどこだかわからない。カタカナ現地音でおぼえとけば見当がつきやすい、ということはあろう。しかし、欧米人と会話したり欧米書を読んだりするのは、日本人全体のなかではごくわずかである。日本人全員がつきあわねばならんほどのことではない。

　それに実を言うと、ある程度はもう西洋人に合わせている。北京《ペキン》、上海《シャンハイ》、厦門《アモイ》、香港《ホンコン》、広東《カントン》等々。これらは、現地音と言うより、西洋人の言いかたをまねたものだろう。北京の人が北京をペキンと言っているわけではない。数は多くないが大きな重要な所は西洋人読みで抑えている感じである。まあ日本が鎖国している間に西洋人は中国へ行っていて、その西洋人が明治以後ドッと日本へ来たのだから、ある程度西洋式が入るのは当然だった。

この本には子供の地図帳や教科書のヘンな地名の例がいろいろ引いてある。たとえば「チュー川」。これは珠江である。中国の川は「○水」「○河」「○江」などいろいろあるが（○水が古い）、一概に○は固有名詞とし、下は普通語だからというので、日本語に直して「川」、としたのである。しかしこれは「珠江」で一語とすべきだろう。

同様に「ター運河」というのがある。大運河である。その「大」を固有名詞、運河を普通語としたのである。明木氏は「爆笑した」と書いている。もちろん大運河は大きな運河である。それが一つなので固有名詞のごとくになっているのである。普通語が固有名詞になることはよくある。日本にも大島や白浜という地名はあちこちにあるが、これを固有名詞部分と普通語にわけてO Island とか Sira Beach とか言ったらおかしい。大島なり白浜なりが一語である。東京の荒川も Ara River ではおかしかろう。荒川で一語である。同様に珠江もこれで一語である。「チュー川」では何だかわからない。

戦後の昭和二十四年（一九四九）から、日本政府（文部省）は、中国地名原音カタカナ書きを、くり返しやかましく言い始める。

いったいこれはどこから、どういう筋道で出て来たものなのだろう。そういう疑問を持って、事態の推移をだんだんさかのぼって、根源を追跡探査しようとしたのが、明木氏のこの本なのである。

まず、文部省が国民に対して、特に教育界に対して指令し始めたのは、国語審議会が文部省に建言したからである。国語審議会と言っても今は知らない人も多かろうが、強大な力を持っていた組織である。戦後日本の用字や書きかたは国語審議会が決めた。

ではなぜ国語審議会は中国地名カタカナを言い出したのか。それは日本語の文章のなかで漢字を用いないようにするためである。もちろんそうするためには日本の地名や人名もかな書きにせねばならぬのだが、それとあわせて、あるいはそれに先立って、中国地名をやろうとしたのである。

中国地名カタカナと言うと、現地音を尊重するとか、中国人との交流に便利なようにとか、そういう理由からかと思うが、そうではない。議事録を見ると当時の原富男主査委員長がはっきり「この案は中国人に通じる通じないを考えての案ではない。日本語の表記なのである」と言っている。

なぜ国語審議会は漢字廃止説なのか。戦前戦中のカナモジ団体・ローマ字団体（名称はさまざま）の人たちが国語審議会の中核を占めたからである。そこで明木さんの探索は戦前にさかのぼる。

戦前の日本では、漢字廃止、ないし制限主張の勢力が多くあった。その根拠は種々だが、子供たちの漢字学習の負担をなくし、その力を科学の学習にむけて、西洋列強に追いつき西洋国家並みになろう、というのが多かった。

漢字廃止論は戦後おいおい影が薄くなったが、そこから出た中国地名カタカナ論は頑強に残ったのである。

思うに、子供の学校で現代中国の地名が出てくることはそう多くなかろう。北京《ペキン》・上海《シャンハイ》など主な所をいくつか知っていればたくさんじゃないか。あとは、明木氏が言うように、漢字で書いておいて、ただし読む必要もおぼえる必要もない、ざっと見とけばよい、というので十分だろう。実際そうしているから明木氏の学生たちもほとんどが記憶にないのだろう。

あと、歴史で出てくるのは、長安《ちょうあん》・洛陽《らくよう》など従来の習慣通りでよい。これもそうあれこれ出てくるとは思えない。

政府が、中国地名カタカナ現地音、などとやいやい言うのがよけいなことだ、とわたしも思いますね。

俗語

「俗語」ということばがある。今の日本語のこの語の意味は、『広辞苑』では第二項である。こうある。

〈②標準となる口語に対して、それと異なる方言や卑俗な言葉。さとびことば。俚言《りげん》。〉

『日本国語大辞典』（日国）にはこうある。

〈②標準的な口語に対して、あらたまった場面では用いられないような、くだけたことば。俗言。〉

基本的には同じことだが、説明はどっちかと言うと日国のほうが感じがよい。「卑俗な」より「くだけた」のほうがいい。たとえば東京方面の人がこわいことを「おっかない」と言うとか、関西の人が小さいことを「こんまい」と言うとかであろう。

ただしそういうのを「俗語」と言うことはふつうない。「あいつはこわいのを俗語でおっかないと言った」などと言うことはまあないだろう。

それじゃ日本で「俗語」ということばをどういう場合に用いるだろう、と考えてみると、英語についての話の時である。日国の用例も、アメリカの小説を読んだ日本人が「俗語が多すぎて読みにくいのよ」と言う場面である。だいたい「スラング」の意味であろう。

つまり、さすがの日国も日本人が日本語について「俗語」と言う例を見つけることはできなかったのである。「俗語」は、日本人が日本語について言うことばとしてはまず用のないことばである。

中国にも「俗語」ということばがある。日本とちがって昔からよく用いられることばである。

意味は、歴史的に見ると大きく二つにわけられる。一つは、書きことばに対して話しことばを「俗語」と言うばあいである。一つは、きまった語句である。二つめの意味に用いられることが多い。今は必ず二つめである。

これは、昔からあって人々がしょっちゅう口にするきまった語句である。単語ではなく短いながら文である。

日本にも昔から、きまった語句、言いまわしは無数にある。「こわいもの見たさ」とか

「貧乏ひまなし」とか「山あり谷あり」とか——。そういうのを中国では「俗語」と言うのである。

たとえば、「酒後吐真言」。酒が入ると本音が出る。

あるいは、「無巧不成書」。偶然（うまいなりゆき）がなければ本にならない。何かがあるから話になる。うまいぐあいに、といった文脈でよく用いられる。

一句とは限らない。「平時不焼香、臨時抱佛脚」。ふだんは線香もあげない、困ったら仏の足にしがみつく。これは日本の「苦しい時の神だのみ」にあたる。

こういうことばは、長い間に洗練されて口調よくなったきまり文句であるから、今の中国語そのままではない。それは日本語だって同じである。「山あり谷あり」は今の日本語で言えば「山もあれば谷もある」くらいだろうが、簡潔に「山あり谷あり」と言う。

そういう「昔からあるきまった言いかた」、日本の「こわいもの見たさ」や「貧乏ひまなし」のようなのを中国では「俗語」と言うのであるが、「俗語」とのみ言うわけではなく、ほかにも呼びかたがいろいろある。中国では一般に俗語に対する関心が高く、研究者が俗語について一般むけに書いた本がいっぱい出ているが、どれにも皆、俗語ないしそれに類するものの呼びかたがいろいろかかげてある。その数の多いのにびっくりする。熟語、成語、諺語《げんご》、格言、慣用語、歇後語《けつごご》、名句、警句、里言、俚言《りげん》、郷諺《きょうげん》、常語、土語、街談巷語《がいだんこうご》、等々いくらでもある。

これらが皆「俗語」とぴったり同じ意味とは限らない。学者たちはそれぞれの語（呼びかた）の範囲や、他の呼びかたとの重《かさな》りなどをつぶさに考察している。それぞれの学者の言うことは皆違う。学者は皆「自分はこう考える、こう定義する」ということを書いているのであり、考えかたは人によって違うのだから、定義がばらばらになるのは当然である。

そこで、A学者はこう言っている、B学者はこう言っている、C学者はこう言っている、……を書いた本がまたできる。そうやって俗語についての本はいくらでも次々に出るのである。


中国では俗語ないしそれに類するものの呼びかたがいろいろあるのだが、日本では何と言ってるでしょうね？

「ことわざ」という呼びかたがある。しかし「こわいもの見たさ」や「貧乏ひまなし」はことわざかなあ、という気もする。

「言いならわし」という呼びかたもある。しかし右の二つや、あるいは「胸を張って国に帰った」の「胸を張る」とか、「泣きべそをかいた」の「泣きべそをかく」とかを「言いならわし」と言うかなあ、という気もする。

広辞苑は「慣用句」「慣用語」と言っている。これはもっともであるが、近代になってからの呼称であろう。江戸時代ごろまでの呼称が何かあってもよさそうなものだと思うのだが、思いつけない。

広辞苑の「慣用句」の説明はこうである。

〈二つ以上の語から構成され、句全体の意味が個々の語の元来の意味からは決まらないような慣用的表現。「骨を折る」「油を売る」「間髪を入れず」など。イディオム。〉

うーん、広辞苑の説明によれば、日本の慣用句の本質は「語の意味が句の意味ではない」という点にあるのですねえ。「骨を折る」は骨折することではない。「油を売る」は油を売ることではない。だとすると中国の俗語とは必ずしも一致しない。「酒後吐真言」（酒が入るとほんとのことを言う）は語の意味通りの句である。日本の「こわいもの見たさ」や「なるようになる」も慣用句の範囲には入らない。「胸を張る」はほんとに胸を張るとは限らないから慣用句に入るのだろう。

広辞苑の「慣用語」はこうである。

〈①一般に習慣として使われている言葉。きまり文句。②正しい語法にかなっていないが、慣用されている語。〉

例をあげていないのでわからないが、慣用句と慣用語はちがうらしい。「こわいもの見たさ」や「なるようになる」は右の①に入るのかもしれない。

中国の呼びかたの中に、諺、諺語、俗諺、俚諺等々諺のつくものがいろいろある。意味は同じなので以下諺語《げんご》と言います。俗語と諺語との関係は？

半分近くの学者は、同じこと、と言う。半分やや多めの学者は、諺語は俗語のなかで教訓的色合いを帯びたもの、と言う。日本語で「ことわざ」と言うと教訓的色合いを帯びたものをイメージする人が多いのと似てますね。「安物買いの銭失い」や「負けるが勝ち」はことわざと思う人が多いんじゃなかろうか。

中国の俗語に「有奶便是娘」というのがある。直訳すれば、おっぱいがある（くれる）のがお母ちゃん。人の世の深刻な真実を突いている。日本の「生みの親より育ての親」に近い。こういうのはいかにも諺語という感じがするわけですね。日本の「生みの親より育ての親」は理窟《りくつ》っぽくてイヤな言葉だが「有奶便是娘」はいい。

「皮笑肉不笑」。顔は笑っているが腹の中は笑ってない。薄気味の悪い人物である。こういうのは諺語とは感じない人が多いらしい。もちろん諺語と思う人もあるわけです。

歇後語《けつごご》は日本語には多分ない俗語である。あとは言わない言葉、という意味です。たとえば「和尚打傘」。直訳すれば、坊主が傘をさす。これが、むちゃくちゃ、という意味である。なんでそういう意味になるのか？

坊主だから髪（頭髪）がない。傘をさしているから天（空《そら》）がない（見えない）。だから無髪無天。中国語では「髪」と「法」は音が同じだから、無法無天。規律もなければ天理もない。つまりむちゃくちゃ、というわけです。

ただし「和尚打傘」と聞くと誰もがただちに「無法無天」を思い浮べるとは限らないから、言うほうも初めから「和尚打傘無法無天」と全部言うこともよくある。そうなるともう「あとは言わない言葉」ではないわけだが、それでも歇後語《けつごご》（シエホウイー）と言う。

あるいは「泥菩薩過河」。「泥」は日本語の「どろ」ではなく、「土の、土で作った」の意です。たとえば土塀は「泥墻」。「菩薩」は仏様。土の仏様が川を渡る。あとは「自身難保」。自分の身が保証できない、わが身があやうい。仏様は人を救うのが仕事だが、川を渡るとなると、人を救うどころか自分が溶けてしまいかねない。人のことを言ってる場合か、という意味に用いる。これも「泥菩薩過河」とのみ言うこともあり、「泥菩薩過河自身難保」と全部言ってしまうこともある。

もっとも歇後語には、あとの部分は言わなくてもわかりきっているので言わない、というのも多い。たとえば「当一天和尚撞一天鐘」。一日坊主をやりゃ一日鐘をつく。これは、いいかげん、その時その時さ、ということは言わなくてもわかるからあとは言わない。

あるいは「公説公有理、婆説婆有理」。亭主の言うことを聞けば亭主に理がある、女房の言うことを聞けば女房に理がある。これは、話を聞けばどっちにもそれぞれ言い分がある、どっちが正しいともきめがたい、という意味であることはわかりきっているから言わない。誰でもそれぞれ言い分があるさ、という時に言う。

あるいは「狗咬耗子」。犬がねずみに咬みつく。ねずみを食うのは猫の仕事だから、よけいなお世話だ、ということは言わなくてもわかる。

「三天打魚、両天晒網」。三日漁《りょう》に出たら二日網を乾す。これはのんべんだらりという意味なのだが、なぜのんべんだらりなのか今の普通の中国人にもわからないかもしれない。網を乾すというのは遊んでくらすということなのである。まじめに仕事しないということからいいかげんに日をすごすという意味になる。由来がわかりにくくなってもきまり言葉として用いられるのである。

中国にはこういうおもしろい俗語がいっぱいあるわけです。

Ⅳ　中国の「ドーダ」

中国の「ドーダ」――夏王朝・漢字・始皇帝

東京大田区の後藤延一さんが、ＮＨＫテレビ番組「中国文明の謎」三巻のＤＶＤを送ってくださった。第一回は「中華の源流・夏王朝は実在した」、二は「漢字誕生」、三は「始皇帝中華帝国」である。

つけたお手紙に「中国のドーダですね」とある。「ドーダ」は東海林さだおさんの名言である。

早速見ました。後藤さんの言の通りである。第一回は、「おれはこんなに古いんだぞ、ドーダ」、二は「おれはこんなに賢いんだぞ、ドーダ」、三は「おれはこんなに偉いんだぞ、ドーダ」といったところか。

何も知らぬ一人の日本人が北京あたりの骨董屋に迷いこんでそこの親父の説教を聞く、という仕立てである。その親父が「ドーダ」をやるわけだ。

後藤さんが、ＮＨＫ取材班『中夏文明の誕生』（２０１２、講談社）のコピーをつけてくださっている。これはおもしろかった。左に引きます。とびとびです。

〈この二〇年、中国の考古学界は、まさに発掘ラッシュの様相を示し、歴史を変える新発見が相次いでいる。〉

〈中国政府が古代文明を探索する国家プロジェクトを立ち上げ、本格的に考古学に力を注ぎはじめたからである。〉

〈当時の江沢民《こうたくみん》国家主席がエジプトを訪問したときのことである。（……）それぞれの文明の発祥の古さが話題に上った。エジプト文明では、紀元前三〇〇〇年頃には最初の王朝が存在したことが考古学によって確認されている。ところが中国文明では、確認された最古の王朝は紀元前一六〇〇年頃に成立したとされる殷《いん》王朝だった。エジプトよりも一四〇〇年新しい。このことを意識した国家主席が、帰国後、「中国文明の歴史をエジプトよりも古くせよ」と、号令を下したというのである。〉

〈考古学の発掘にも潤沢な資金が注入され、全土で本格的な発掘作業が進みはじめたのだ。〉

ここ掘れワンワンである。もっともここ掘れワンワンは掘る場所の指定だが、こちらは掘り出すものの指定である。仰せの通り首尾よく「夏王朝は実在した」を掘り出しました、というわけだ。

学問にもいろいろあるが、歴史学は最もアブナイ学問である。学者のまじめな勉強が権力の足元を掘りかねない。だから国家は手綱を離さない。中国の歴史学は中国共産党の侍女である。

と言うと中国の歴史学をバカにする人があるかもしれないが、日本だってつい先ごろまで、歴史学は天皇制の飼犬だった。天照大神《あまてらすおおみかみ》だの神武《じんむ》天皇だのという神聖不可侵のシロモノがあって、無条件にあがめたてまつらねばならなかった。わたしなどはまずそれから教えられたクチだ。

中国の歴史学は天照や神武のいる歴史学である。誰が天照かは時によって変るが——。一九四九年建国後の、歴史学者が語る歴史はだいたいこうだった。——人類の歴史は階級闘争の歴史である。当然中国の歴史もそうである。数千年の昔から中国の労働人民は、悪逆非道の支配階級に抗し、幾百度も立ちあがって果敢な闘争を挑んできた。二十世紀にいたって労働人民の前衛中国共産党が現われ、その正しい指導にみちびかれて労働人民はみずからを解放し、社会主義中国の主人公になった……。まあ労働人民が天照、共産党が神武、ということになりますかね。これだとそう地面を掘ることもなかった。

中国の「ドーダ」が顕著になってきたのはわりあい最近である。

一九七六年に毛沢東が死んで、どこかにかくれていた鄧小平が二度めの復活をして、二年ほどのあいだに最高実力者になって、どえらいことをやった。階級闘争路線を放棄し、国の針路を百八十度転換して、「改革開放」(市場経済)を始めた。七十年代末の段階で、社会主義を見限ったわけだ。あとで考えれば、それは明らかに正しい選択だった。その後八十年代以降に、ソ連も東欧もみんなつぶれたのだから——。しかし、牛が牛であることをやめるみたいなものだから、その手があるとはだれも気づかなかった。鄧小平の聡明と貫禄をもって初めてやれたことだ。

それ以後、特に九十年代初めの鄧小平の南巡講話以後、中国の経済はめざましく伸び、アメリカにつぐ規模を有するに至った。これが「ドーダ」の裏づけになっている。むやみに「中華民族」と唱え始めたのもこのころからである。

「中華民族」という言葉は一九二〇年ごろに孫文が発明したと言われている。便利な言葉である。多くのばあい、漢人(漢族。チャイニーズ)の自誇称である。日本人が「天孫民族」と称して威張ったみたいなものだ。しかしばあいによっては(公式には)支配下の多数の(中国政府によれば五十五の)種族をも含む、ことになっている。ウイグル人やチベット人に「お前たちも中華民族だよ」と言ってやるわけだ。本気で言っているわけじゃない。ウイグル人やチベット人も本気で受け取って喜ぶわけじゃない。

七十年代末までは、民族は階級に解消される、という建前だから、民族を言い立てる必要はなかった。共産党は労働人民の前衛、ということで、支配階級を仕立てていじめていれば事はすむ。「中華民族」が必要になってきたのはそれ以後である。

鄧小平の「改革開放」は偉大だったが、そのかわり共産党権力の存在理由《レーゾンデートル》があやしくなった。アメリカや日本の権力なら、国民の自由な選挙で選ばれております、という建前が通用するが、競争相手の存在を許さない中国ではそれはない。以前は、働く者の天国社会主義への導き手、だったが、鄧小平はその「社会主義への道」を捨ててしまった。「中華民族」の出番、とあいなったのだろう。


宇都宮市の俊野文雄さんが、朝日新聞今年（二〇一三年）四月七日（日）づけ附録グローブ「中華世界」をお送りくださった。

小生日曜日の新聞は各紙みな買うのだが、はさまっている附録は見ないで捨ててしまう傾向がある。この日のもそうだった。ついぞ気づかなかった。ありがたい読者である（お会いしたことはないのだが）。

この日のグローブはたしかによかった。俊野さんの眼は高い。

なかでも五十川倫義記者の「広がる「中華」の聖地　共産党政権が古代の皇帝を祭る」は非常に感心した。

まず黄帝と炎帝のどでかい像の写真があって文がある。「約5000年前」とあるからエジプトに負けない。

中段からの所を左に引きます。とびとびです。

〈昨年秋に発足した中国の習近平政権は、「中華民族の偉大な復興」というスローガンを繰り返している。〉〈中国共産党は、市場経済の拡大に舵を切った。社会主義イデオロギーに代わり、独裁維持の支えとなったのが、経済発展と民族主義の二本の柱だった。猛スピードの経済成長を引っぱる一方で、2002年には党規約に「党は中華民族の前衛部隊」と書き込み、民族政党の性格も持つようになった。／ところが、急速な経済発展の裏では、格差の広がりや党・政府官僚の腐敗などに国民の不満が高まり、（…）さらにここ数年は、経済の成長スピードにも陰りがでてきた。いきおい、残る柱の「民族」が頼みの綱になってきた。〉

なるほどねえ。鋭い。中国の「中華民族だぞドーダ」は、めざましい経済発展による自信のあらわれと思っていたが、むしろ成長スピードの陰りによる、というのが五十川記者の見立てである。「頼みの綱」というのがぴったりきまってますね。

成長スピードの鈍化は、津上俊哉さん（もと通産省）の『中国台頭の終焉』（'13日経）によれば二〇〇八年ごろからである。五十川記者の「ここ数年」と合っている。

NHK番組の「夏王朝」「漢字」「始皇帝」の中華民族三点セットも、自信のあらわれか頼みの綱かではだいぶ感じがちがってくる。

近ごろの朝日新聞の中国記事はいいね。連載「紅の党」には感銘した。以前は、朝日と言えば中国の提灯持ちと相場がきまっていたものだが、いつから何がきっかけで変身したのか。見ちがえるようである。

経済成長が鈍ったと言っても、それで中国共産党の権力維持があやういというのではありませんよ。当面その懸念はない。

もともと中国人は、学問と商売さえ自由にやらせてもらえればゴキゲンの人たちである。学問も商売も個人の才覚が物を言う。そこが大事のところである。それさえあれば上にどんな権力があろうと、まあたいてい気にしない。いわゆる「天高皇帝遠」である（天は高い、皇帝は遠い、上のほうのことはおれたちにゃ関係ない、の感じで昔から言う）。改革開放以後の共産党は、適当に、あるいは相当に、手綱をゆるめている。

それに何より、中国共産党には競争相手がいない。

競争相手のいない状態が「統一」である。テレビ番組「夏王朝」「漢字」「始皇帝」の三点セットも、一貫した主題は「統一」である。秦始皇が天下を統一したことは言うまでもない。諸地域で話される違った言葉を統一するものが漢字である。漢字によって中華諸地域は一つになった、と番組は言う。夏王朝も、紀元前二千年ごろにできた当初から統一王朝であったように、番組は、つまり骨董屋のおっさんは言う。三点セットに階級の視点は全くない。あるは民族・統一のみである。「中華民族」が天照だ。

「夏」は、「漢」や「唐」などのような王朝名と言うより、中国人という意味だったらしい。中原（今の河南省あたり）に住む人たちが、自分たちを周辺諸族と区別して言う際に「夏」と自称したようだ。「夏」は大きいという意味があり、周辺諸族より背が高かったからだとも言う。「華夏」は、今日の「中華民族」に相当する古い厳かな自誇称である。

春秋時代ごろまでは、季節の名称は「春」と「秋」だけだったようだ。だから一年のことや歳月のことを「春秋」と言い、年代記（一年ごとの記録）も「春秋」と言う。その後、一年を四つの季にわけるようになった。その際春と秋との間の暑い季節をなぜ「夏」と言ったのか、「われわれ」の夏と関係があったのか、わからない。植物の丈が高くなる季節だからだとも言うが、なんだかこじつけくさい感じもする。

ともかく「夏王朝」はサマー王朝ではありません。

「国語」運動と文字改革

前回は、テレビの中国提灯持ち番組三部作、「夏王朝」「漢字」「始皇帝」の話をいたしました。

この番組は、冒頭から笑っちゃった。

小学校一年生ぐらいと見える教室。子供たちは全員くびに紅領巾《ホンリンチン》（真赤なスカーフ）を巻いて、模範的な幼い後継者たちである。

先生が、大きな紙に太い毛筆で「華夏」と書いたのを示して「何と読みますか？」とたずねる。子供たちは全員声をそろえて元気一杯「ホアシア」と答える。ここで笑っちゃったのである。

中国では五十年以上前から、「華」という字はない。国名は「中华人民共和国」である。大人でも「華」の字を知らない人は多かろう。まして小さな子供が知るはずがない。

なお言うまでもないことながら、「華夏」は古い固い語であって、子供たちの生活のなかにあることばではない。

先生は子供たちが全員声をそろえて「ホアシア」と答えるのに当然のごとくうなづいて、「はいそうですね。華夏《ホアシア》はどういう意味ですか？」と一人の子を指してたずねる。これも元気よく「華夏《ホアシア》はわたしたち中華民族です」と答える。それから全員声をそろえて「華夏的子孫、華夏的子孫、華夏的子孫……」と何度も何度もくり返す（「的《ダ》」は「の」の意）。いかにも中国らしい見えすいたやらせである。

実際の小学校で、もし子供にこのことばを教えるとすれば、当然先生は黒板にチョークで「华夏」と書いて、読みと意味を教えるだろう。それでいけないことは何もない。正式の国名に出てくる字なのだから。

しかしこの番組では、それではまずいらしい。これは文字の理念にかかわっていよう。「华」という字（その他の簡化字も含めて）は、「言語は人が口から発する音声である。文字はそれを視覚化したものである」という理念に立って作られたものである。「化」はホア（日本漢字音ではクヮ）の音《おと》をあらわす。その下につけた「十」は、もとの「華」の面影をのこすとともに、「华」は「化」とは別の語であることを示す符号である。なお北方語（標準語）では、化と華（华）とは声調が異るが、簡化字を作る際には声調の違いはおおむね無視した。

テレビ番組三部作のテーマは「中華民族」である。そして、中華民族の統一をもたらし維持してきた中心になったものが文字（漢字）である、というのが三部を貫く基本観点である。数千年の昔から、中国の諸地域に住む人々は、それぞれに異る言語を話してきた。だから当然相互に話が通じない。しかし文字は皆同じ、どこでも通じる、という魔法の杖が漢字である。

たとえば人のことを何と言うか（どう声に出して言うか）は地域によってまちまちだろう。しかし何と言っていようと関係なくそれを「人」という字であらわす。同様に川のことを何と言っていようと「水」の字であらわす。しきたりや規則のことを何と言っていようと「礼」の字であらわす、等々。これで、耳と口では話の通じない各地域の人たちのあいだで話が通じる。これが中華民族を一体のものとしてきた、と言う。

つまり漢字は、人の口から出る音《おと》を視覚化したものではなく、意味を視覚化したものであるところにその偉大さがあるのだ、というのがこの番組の主張である。これはもちろんNHK独自の考えではなく、近年「中華民族」を国の柱とすることにきめた今の中国の権力の考えなのであろう。先生がホアの音《おと》をあらわす「华」ではなく、「すぐれたもの」の意味をあらわす古い字「華」を示したのはそういうことであろうと思われる。

「言語は人の口から出る音声である。世界人類の文字はすべて最初は絵であった。それがだんだん音《おと》をあらわすものへと進歩した。純粋に音のみをあらわす段階に達したものが、最も進んだ、すぐれた文字体系である。ヨーロッパの文字がそれである」というのが、西洋人の考え——あらためて「考え」と言う必要もないほどの当然の考えである。西洋の言語学が研究対象とするのは音声言語である。

日本人は、十九世紀半ばのペリー来航以後、西洋人の強さ、優秀さを思い知らされ、西洋のあとを追い始めた。同時に日本の知識人は、なぜ西洋はかくも優秀でわれわれはかくも劣っているのか、と必死に考え、その根本は物を考え作り出す能力のもとである言語・文字にある、と思い至った。われわれは何千もある漢字の習得に生涯の精力の大半を蕩尽してしまう。西洋の文字は簡単なものが僅かに二十いくつだ。精力の大部分を科学や技術にむけることができる。日本も純粋に音《おと》のみをあらわす音標文字を採用しなければならない。

慶応二年前島密が徳川将軍に建白した「漢字御廃止之儀」に始まって、明治以後多くの有力知識人が強く漢字廃止を唱え、やがて政府も漢字廃止・音標文字採用の方針を定めた。ただし、音標文字としてかなを用いるかローマ字にするかの争いが激しく、かな派のなかでもカタカナ派とひらかな派が喧嘩し、ローマ字派のなかでも日本派（たとえばチは

ti）とヘボン派（チはchi）が争うなど、漢字そっちのけになってしまった。政府もどっちとも判断せずただ音標文字にするとのみきめた。

さて近代化開始後日本はぐんぐん強くなり、十九世紀末には中国に戦争をしかけて勝った（日清戦争）。

直後一九〇〇年ごろから今度は中国の知識人が、なぜわれわれは東の海の中の小島に住むちっぽけな日本人なんぞにも敗けるようななさけない仕儀に立ち至ってしまったのか、と考えた。結論は同じであった。根本原因は言語・文字が劣っていることにある。日本人がそう考えたのは、自分が考えただけでなく、進んだ言語・文字を持つ（と当時は当然そう考えられた）西洋人からヒントを与えられた。中国人のばあいはそれに加え、三十年前に日本人がそれに気づいた、ということが最も大きなヒントになっている。日清戦争後清国政府は大量の留学生を東京に送った。これらの人たちが日本経由で西洋文明を学び、帰国後二十世紀前半の文化運動のにない手になったからである。

一九〇〇年ごろからの五十年、つまり二十世紀前半が、中国の「国語運動」の時代である。「国語」というのは、日本で言うところの「標準語」に相当する。中国全土で通用する共通漢語（中国語）の建設である。北方語を基礎とする。なおのちのことになるが中華人民共和国ではこれを「普通話」と言う（「共通語」の意）。

それと文字改革である。これは、漢字廃止は大多数に異論のない前提であって、かわりにどのような字を使うかの問題である。多くの学者が種々の案を提起した。大きくわけると、①漢字の一部分のごく簡単な筆画を取って一音の字とするのと②ローマ字とになる。この間の具体的経緯は倉石武四郎『漢字の運命』（岩波新書）が手際よく整理している。

一九一一年の辛亥革命で清《しん》が倒れ、一二年中華民国ができた。民国政府は右の①方式による「注音字母《ちゅうおんじぼ》」を公布した。日本のカナよりはずっと合理的で、朝鮮のハングルに近い。子音を表す二十四字と母音を表す十五字の組合せである。

しかし注音字母は、見慣れぬ字であったこと、また民国の存続期間が三十七年と短く、しかもその間日本軍の侵略・占領にかき回されつづけたため、必ずしも普及しなかった（台湾では戦後ずっと用いられた）。

一九四九年に中華人民共和国が成立すると、右に鑑み、多くの人が英語の勉強で慣れ親んでいる②のローマ字を採った。「拼音羅馬字《ピンインローマじ》」である。拼音《ピンイン》は発音。わたしは、漢字が一字もない、ローマ字の教本で中国語を学んだ者である。

拼音羅馬字はよく普及した。今中国で出ている各種辞書はほぼ皆発音引きアルファベット順である。

しからばわたしが習った教本のような、本文すべてローマ字の本が今どれくらいあるかというと、それは一つもない。中国語ローマ字書きは普及したが、辞書項目排列方法の段階でとまったままである。

二十世紀後半の中華人民共和国の文字改革は、前期と後期にわけられる。これは姿勢が全くちがう。

前期の五十年代六十年代は、遠からずすべてローマ字にする予定で、ローマ字が普及するまでのあいださしあたり暫定的に漢字を簡略化して使う、という政府の態度である。簡略化の基本は上述のごとく「文字は音《おと》をあらわす記号に純化するのが進歩である」という西洋言語学の思想である。これは同時期に日本政府が強行した「国語改革」も全く同じ考えと見通しに立っていた。

後期の七十年代以後は、中国の為政者が「これはおいそれと漢字は消滅してくれないぞ」と気づいた時期である。そこで七七年末に中国政府は第二次漢字簡化案を出した。筆画をいっそう少くし、音の記号の方向へ進めるものである。たとえば「部」は党や政府の機関部局名として非常によく使われる字だが、これをやさしく「卩」としたなど。これは、極力簡化・音記号化した上で今後も漢字を使いつづける、という方針への変更である。

ところがこれはよほど評判が悪かったと見えて、しばらく使ったあと見かけなくなり、結局一九八六年に正式に廃止された。鄧小平時代になって、国民の声にも少しは耳を傾けるようになったせいかもしれない。

わたしはそのずっと前から中国の新聞・雑誌百種以上をとって読んでいたが、まさか共産党が一度言い出したことを不評判でひっこめるなんてことがあるとは思わないから、みんな捨ててしまった。とっておけばいい資料だったのに、と思う。

もっとも、党や政府の新聞・雑誌は無論第二次簡化字使用だが、地方の文芸誌などは使ってなかった（中国は日本とちがって各省・市の独立性が強いから新聞・雑誌も省・市ごとに出る。それで取る雑誌が百種以上にもなるのである）。わたしは、地方では活字の鋳造が間に合わないのだろう、と単純に思っていたが、「そんなみっともない字を使うのはイヤです」という抵抗の意志表示だったのかもしれない。

みっともないと言えば第一次簡化字も十分みっともない。第二次の雪を「ヨ」がみっともないなら第一次の雲を「云」も同様のはずである。しかし第一次のころは共産党のやることに異を唱えるなど考えられなかったし、共産党が一度言い出したことをひっこめることもあり得なかった。ゆえに第一次が半世紀以上健在なのである。

語と字と意味

先日読んだ今野真二さん（清泉女子大学教授、専攻日本語学）の『正書法のない日本語』（'13岩波書店）の「漢字字義」の項にこんなくだりがあった。

〈「文字の意味」という表現は（…）ごく一般的に使われる。しかし文字が意味をもっているのではなく、文字が表わしている語が意味＝語義をもっている。（…）「漢字字義」とは、「その漢字が表わしている中国語の語義」のことである。（…）字が意味をもっているのではないことには注意していただきたい。〉

たとえば、「山」の字が山の意味を持っているのではない、この字があらわす中国語の音声が山の意味を持っているのだ、ということですね。言語学者はこのことを強調する。

まあこれが英語であれば話はわりあいわかりやすい。fish の字に魚の意味があるわけじゃない。フィッシュという英語（の音声）に意味があるのだ、ということですね。漢字となるとそこがむずかしい。

言語学者でないふつうの中国人や日本人は、当然字に意味があると思っている。「魚」の字が魚の意を持つと思っている。これは、一つの字が一つの語をあらわすという漢字の性質によるでしょう。

日本語はそこのところがちょっとやっかいですね。「松」の字に松の木の意味があるかと問えば、だれでもイエスと言う。「まつ」の字に松の木の意味があるかと問えば——、さあて「まつ」の字に松の意味はないんじゃないの、人を待つのも「まつ」だし、と言う人が多いかもしれない。

言語学者は、人類の言語と文字、として考えるから、英語だろうと中国語だろうと日本語だろうとその関係に変りはない、とするのでしょうね。

みなさんはどうお思いになります？

なお先に申したごとく、二十世紀半ばに中国共産党・政府（以下「党」）が実施した文字改革は、基本的に、右の言語学の考えに立ったものである。ただし徹底してはいない。徹底すれば「注音字母《ちゅうおんじぼ》」や「拼音羅馬字《ピンインローマじ》」になる。二十世紀半ばの文字改革はそこへの「わたりの改革」であった。

二十一世紀になってから、特に近年、中国の研究者や知識人が漢字について言うことが、めざましく変ってきた。

一例として、毛遠明（西南大学の教員）『漢魏六朝碑刻異體字研究』（'12商務印書館）巻頭の、趙超（社会科学院の指導的研究員らしい）の「序言」の一部を引く。この本は六百五十ページ全文繁体字（正字）である。引用は日本語として多少変になることは承知で、極力原文の語をそのまま用いることにします。

〈中國の文字は世界のあまたの古代文字中唯一延續使用して今に至った偉大な文明成果である。それは輝煌壯麗なる五千年の中華文明につながりそれを造ってきた。この一點のみより見ても、我らは我らの文字を珍惜し、我らの語言文字の純潔性を守り、中國の文字のみが有する豐富な歴史内涵を充分に發揮し、もって祖國を振興し、中華の優秀な文化の偉大な事業を弘揚せねばならぬ。〉

すごいねえ。中国人が漢字についてこんなことを言い出したのは、有史以来初めてである。

無論昔の中国人も漢字は大事にした。しかし昔の中国人にとっては、漢字は事実上人類唯一の文字体系であり、同性質同列の競争相手はないのだから、言わば天然のものであり、こんなに大言壮語しようという意識の生れようがなかったのである。

ところが十九世紀末に突然、「中国がこんなに立ちおくれて弱いのは漢字がいけなかったのだ」ということでケチョンとなり、それが百年つづいたのだから、漢字について威張った時というのはどこにもなかったわけだ。二十一世紀になって史上初めて、漢字は世界一の文字だ、と威張り出したのである。

右の引用全体、あるいは「純潔性を守り」の所だけでも、二十世紀半ばの文字改革に対する不満は明らかである。文字づかい一つを見てもわかる。それを直接言えば党の政策の批判になるから、いま党が躍起になって宣揚している「五千年の中華文明」をふりかざしているわけである。

なお、全文繁体字、という本は、めったにないが稀にはある。そのこと自体が一つの強い主張である。

向光忠（天津・南開大学教員）『文字学芻論』（'12商務印書館）はおもしろかった。「芻論」は「程度の低い見解」というほどの意の謙辞であるが、そうよく用いられる語ではない。党の文字政策に異を立てる内容を含むから極端にへりくだった題にしたのかもしれない。著者は一九三〇年代半ばの生れと察せられる。なおおもしろかったというのは必ずしも名著という意味ではありません。

これも、見解を同じくする応援団が一人（成都の大学の教員らしい）長い序文（実質小論文）を書いている。

この本は、怨みのこもった自伝から始まる。大学（中山大学とある）では中文系に入りたかったのだが、語言学（言語学）に「分配」された。大学の専攻は党と国家の任務だから、本人の志望にはかかわりなく党が分配したのである。大失望、興味索然だったが、分配には絶対服従だからどうしようもなかった、とある。その後大学の編成替えで語言学は全国で北京大学のみ、となり、北京大学に移された（本人の志望が聞かれるようになったのはずっとのち、たしか一九七八年ごろからだったと記憶する）。

一九五七年春夏の交、あの大規模な「整風運動」で「右派の帽子」をかぶせられ、大学から追い出されて、「社会の底層に流落」した。

これは、毛沢東が口づから「言いたいことがあったら何でも言いなさい。それでつかまえることはしないから」と呼びかけて、人々がおずおずと口を開き始めたのをしばらく言わせておき、一斉にひっとらえたいわゆる「陽謀」一件である。「陰謀」ではなく白昼公然とひっかけたのだから「陽謀」だ、と毛沢東はいばった。知識人五十五万人ほどがやられたと言う。

その後二十数年、自暴自棄にならずにいたおかげで（多分八十年代になって）南開大学が拾ってくれた。

以上の経緯、文章はけっこう長いのだが、具体的なことは何もない。これがたとえば日本の刑余者なら、これこれの容疑でつかまり、いつからいつまでどこに入れられ、どんな作業をさせられて生活情況はこんなふう、といくらでも具体的に言えるが、中国で、特に発言によってやられた場合、具体的なことを言うと党を責めることになるから言えないらしい（勇をふるって言う人もあるが）。だからどういう発言でどこへやられたかもわからない。「茫然となり、絶望し、一生終りと思った」などと抽象的なことしかない。

しかしこの人が教育界にもどれたのは、やられた時若くて余命が長かったから、そして当人が誇るように「二十数年間一度も自暴自棄にならなかった」からだろう。ふつうは、「じっと身をこごめて耐えていれば夢の鄧小平時代が来る」なんてわからないのだから、自暴自棄になるだろう。

この本は、党の文字政策の正しさを全面的にほめあげて、そのあと「でも一つだけちょっと」とか何とかチョロリと言う。それが言いたいことである。「しかしのあとに本音あり」だ。

その主眼は、漢字は「以形示義」だ、と言うにある。

漢字はどの字もみな形音義《けいおんぎ》の三つを具えている。形（字）と音（発音・音声）と義（意味）である。「山」なら、この字が「形」、サンが「音」、やまが「義」である。「以形示義」は、形（字）が意味を持っているのだ、ということである。最初に引いた今野氏の言と、つまり言語学と、正面衝突ですね。さよう、これは正面衝突の本なのである。

それではこれは激烈な本なのかというと、それがそうでもない。

昔から中国人は、語（ことば）と字とは別のものだなどとは夢にも思わず、一つことだと思っていた。それを「字」と言った。あえて理窟っぽく言えば「語の本体は字だと思っていた」ということになるが、一つことなのだから、そんなまわりくどいことを言う人はいない。しかしそう思っていたことはたしかである。

字を知らない大多数農民は「われわれは字は知らないが語は知っている」と思っていたかというと、そんなむずかしいことを考えるはずがない。無学だから字を知らないと思っていた。

「人民中国」になって、農民が字をおぼえたいと言い出した。その字というのはもちろん昔からある漢字である。いや漢字はもうじきなくなってだれにもわかるやさしいローマ字になるんだ、と言ったら、承知しない。わしらはバカだから字を教えないのか、と来る。為政者が「こりゃおいそれと漢字は消滅してくれないぞ」と気づいたのはこのゆえである。字を知らなかった者（これまで疎外されていた者）が、字をなくすることに最も強く反撥したのである。

この本の著者は学者だから、学問（もちろん西洋由来の）では、語と字とは別のものとすることを知っている。しかし社会の最下層で二十何年を棒に振った人だから、字がことばであるという中国人の通念は身にしみついている。だから「以形示義」、字（形）が意味である、という中国人としてはあたりまえのことを著書で言ったのである。

この本には当然ながら現行の個別の字に対する批判はないが、わたしがかりに一例をあげればこういうことだ。今の中国では穀物は「谷」と書く。日本語でよんでも穀《こく》・谷《こく》は同音であることおわかりですね。「穀」の字はない。

しかしこの人の「以形示義」の観点に立てば、「穀」の字（形）が穀物の意味を持っているのである。「谷」には穀物の意はない。党の文字政策と正面衝突である。

けれどもこの人は孤立して突飛なことを言っているのではなく、上述の本を見ても、この本の応援団の人が「以形示義」「據義構形」（同じこと）とくり返し強調しているのを見ても、それが今の趨勢なんだろうと思う。

それはテレビ番組で小学校の先生が、今はないはずの「華」の字をかかげたことでもわかる。あの場面は党が許容した、いやそれどころかやらせたのであろう。

どうも漢字には中国人の心・誇りがかかっており、それが党の中華復興のスローガンとともに噴き出してきたような気がする。

中国の現行字

前回は、南開大学の向光忠という人の『文字学芻論』という本を御紹介しました。この件もう少し。

この人の主張は、「以形示義」、中国の文字（漢字）は形が意味をあらわす、つまり字が意味を持っている、というにある。

これは、中国人としてはあたりまえのことである。二千年前から中国の学者は漢字についての本を無数と言っていいほど書いてきたが、みな、字が意味を持つことを当然の前提として書いている。今のふつうの中国人もそう思っている。

しかし言語学の通念とはちがうから、この人は懸命に、中国の文字は形が意味を持つのだ、と主張しているわけです。

なお、この言語学というのはもちろん、西洋由来の学問です。言語学にかぎらず、現在日本や中国で行われている（たとえば大学で研究され教育されている）学問・科学は、ほぼ皆、西洋から入ってきたものです。これはどなたもごぞんじの通り。

この向光忠さんの本の題にある「文字学」というのは中国独自のもので、言語学の一分野というわけではない。

この人の「中国の文字は形が意味を持つ」という主張は、言語学と合わないだけでなく、必然的に、いま中国で用いられている簡化字と折りあわない部分が生じてくる。今回はそのことを御紹介いたします。

漢字は中国の文字である。その中国では、ここ六十年ほど、もっぱら簡化字が用いられている。しかしわたしのこの連載は、「漢字」を看板にしながら、従来ほとんどその件にふれなかった。それには二つわけがある。

一つは、読者の皆さんが、見なれない、奇体な、わけのわからん字だ、と逃げてしまうんじゃないか、とおそれたから。

もう一つは、日本のふつうの印刷所では中国簡体字は出せないだろう、作字するにしても一つ一つたいへんな御面倒をおかけすることになるだろう、と思ったからです（簡化字と言っても簡体字と言っても同じことです）。この前念のために編集のかたにきいてみたら、印刷所に問合せてくださって、一応のものは出せるそうです、との返事であった。それで向光忠の本を御紹介しようかなと思ったしだいです。

一つめの、日本人にとってはわけのわからん字、ということについては、小生強く印象に残ったことがある。

一九七八年に、ふつうの日本人（日中友好団体にかかわりのない者）も中国へ行けるようになった、という話を聞いた。それは耳寄りなこと、行けるものなら行きたい、と思っていたら、今度は西のほうから、広島大学の先生がたを中心に訪中団ができる、という話がつたわってきた。それで、広島大学に知り人はないのだが、入れてください、とお願いした。そうしたら、広島の日中友好団体から呼び出しが来て、出頭したら、家族親戚に日本共産党員・警察官・自衛官はいませんという誓約書を出せ、とか何とかだいぶうるさいことを言われたが、すべておとなしく従って、何とか行くことができた。

北京空港につくと、正面の建物にでっかい字で「〇〇〇〇前进！」というスローガンをかかげてある。これを見て先生がたが話し始めた。

「あの井げたにしんにゅうは何の字ですかな」

「はて、見たことのない字ですな」

もちろんはたからシャシャリ出て「あれはですね」などと口出しする場面ではないし、第一わたしはそういうことが何よりきらいである。すみっこでひかえていた。結局先生がたの話は「わかりませんな」で終った。スローガンだし、「前进！」だし、見当くらいはつきそうに思ったのだが、見なれない字というものはわからないものなのだな、とその時痛感しました。——はい、「进」は「進」の簡化字です。

簡化字は種々あるが、たとえばもと二部分（時にそれ以上）から成る字の一部分を取って単体の字にしたものがかなりある。親→亲、殺→杀、鄉→乡、術→术、飛→飞、電→电、開→开、豐→丰、習→习など。

その際その一部分を略化したものもある。雜→杂、擊→击、關→关、務→务、總→总など。

二部分から成る字の片方の一部を取ったものも多い。婦→妇、陽→阳、寧→宁、隊→队、濁→浊、孫→孙など。

二部分字の片方を簡単な音記号字（声符）にしたものは非常に多い。擁→拥、達→达、運→运、選→选、勝→胜、憐→怜、憲→宪、憶→忆、種→种、態→态、極→极、機→机、潔→洁など。

その他、書写体の印刷字体化、頭→头、符号化、風→风など種々ある。

向光忠の本の、比較的まとまって簡化字について見解をのべている所を御紹介しましょう。

まず、簡化字制定はよかった、と個別例をあげながらほめあげる。「筆」を「笔」にしたのはよかった、「塵」を「尘」にしたのはよかった、「滅」を「灭」にしたのはよかった、等々。

そのあと「しかし」と来る。このあとが言いたいことですね。「しかし、あえて言わせていただくなら、字によっては、完全によかったとは言い切れないものもある。」

そして「たとえば」として下のごとくある。そのまま引き、あとで説明します。

〈同音假借之造成混淆、符号替代之漫无系统、异体取舍之有欠斟酌、义符更易之难以示意、声旁省变之不再标音。〉

九字のかたまりが五項並んでいる。各項の初め四字が簡化字の種類、「之」のあとの四字が「ダメだ」を種類別に言ったもの。挙例は一つもない。あとは「われわれの（中国の）文字の形制は独特で、構造法則がある」といった抽象論になる。

ほんとは、種類別に批判した以上は当然その具体例を言わなければさまにならない。ほめるほうはそうしているのだし――。しかしやはりそれはこわいのでしょうね。共産党の政策を批判した、と言われかねない。で、わたしが推測で具体例を申しあげます。

第一項は「同音假借《かしゃ》が混淆《こんこう》をもたらしている」。同音假借とは同音の別の字を用いること。たとえば穀物の「穀」を同音の「谷」とした、めんるいの「麵」を「面」とした、あるいは右の文に見える例では「捨」を「舍」とした、といったものです。これが混淆を造成している、字が固有の意味を持たなくなっている、というわけ。

二つめの「符号替代之漫无系统」は「符号代替がまるで系統がない」。「替代」「代替」どちらも言う。意味は同じ。「无」は「無」の簡化字。上述のごとく「進」の簡化字が「进」である。では「隹」の代りの符号が「井」なのかと言えば、そうではない。「講」の簡体字が「讲」である。このばあいは「井」は「冓」の符号である。では「冓」の代替符号が「井」なのかと言えば、そうではない。「構」の簡体字は「构」である。

かように系統がない。あるいは、上の文に出てくる「难」は「難」の簡体字である。実は「又」は万能代替符号なのである。例をごらんください。カッコ内が元の字。汉（漢）、劝（勸、日本漢字の勧）、仅（僅）、对（對、日本漢字の対）、鸡（鷄）、戏（戲）、树（樹）、圣（聖）、译（譯、日本漢字の訳）、凤（鳳）等々。何の代りでもつとめるのだから符号に系統性がない。

三つめ「异体取舍之有欠斟酌」。「异」は「異」。「異体字の取捨が当を得ない」。異体字は同音同義で形が異る字。異体字取捨とは「蹟・跡・迹」を「迹」に一本化して蹟・跡を捨てたようなのを言う。実はこの項は、筆者がどういうのを念頭において「当を得ない」

と言っているのかが小生よくわからない。何しろ具体例をあげてくれないのだから困る。「乾・幹・干」を「干」に一本化したのなどを指すかと思われるが、この三字のばあいは、音も義もちがい異体字関係ではないものを強引に一本化したのである。しかし多分この種の一本化を指しているのだろう。「徴・征」を「征」に一本化したなど。

つぎの「义符更易之难以示意」。「义」は「義」。義符は偏《へん》・冠《かんむり》など意味領域を示す部分。漢字全体のほぼ九割までは義符と声符（発音を示す部分）とを有する。義符更易《こうえき》は義符の変更。「義符が変って意を示せない」ということ。義符が別の義符に変ったのは「節→节」「驚→惊」などあるが、そう多くない。ここで義符更易というのは、義符の変形略化のことを言っているのではなかろうか。義符の変形略化は非常に多い。たとえば言偏《ごんべん》は二画になった。认（認）、让（譲）、讲（講）、识（識）など。ごらんのようにサンズイ偏に近い。活と话（話）とはよくまちがいをおこす。本家の「言」はそのままだから、それとゴンベンとの親族性がなくなり、意を示せない、ということであろう。あるいはこの「义符更易」は、義符の省略（捨→舍のごとき）も含めて言っているのかもしれない。

五つめの「声旁省变之不再标音」。声旁は声符。省変は省略変形。「标」は「標」の簡化字。「声符が変って音をあらわせない」。たとえば「標」は声符の「票」が音をあらわしている。それが「示」に略されてしまったのでは「標」の音をあらわせない、ということ。

ただし「票」や「漂」はそのままだから「标」が仲間外れの感じです。この種のことは多い。たとえば「廣」は黄が声符だが省略されて「广」になった。黄や横はそのまま、など。

以上の五か条、短い抽象的な言いかたながら、簡化字の各方面を批判している。実質的には全面批判みたいなものだ。はなはだへっぴり腰ではあるが、簡化字に不服であることはわかる。

一清『汉字最近有点儿烦』（漢字は近ごろちとうるさいぞ）（'09商務印書館）は、簡化字擁護の本である。これによると、二〇〇八年に政協（人民政治協商会議。形だけのものだが一応党外の「民主人士」が党に物を言えることになっている）の委員（複数）が「小学校で繁体字を教え中国文化の根を伝えよう」という提案を出したのが、公的な簡体字批判の始まりである。翌年また別の委員が「十年かけて段階的に簡体字を廃止しよう」と提案した。この著者が本を一冊書いて「ちとうるさいぞ」と文句をつけたくなるほど、あちこちでモゴモゴと声がきこえるらしい。

いま、党の文化方面の高位者たちも、腹のなかでは、文字改革は早まったことをした、と思っているんじゃなかろうかとわたしは臆測している。

V　日本語と国語

日本語と国語

なぜか本棚に山口明穂『国語の論理』（'89東大出版会）という本があった。いつ何で買ったのかおぼえてない。読んだかどうかもおぼえてない。どんな本だったっけ、と読みかけてみたら、最初からつっかかえた。いや、むずかしいとかいうことではありません。こう始まる。

〈川端康成の『雪国』を英訳するとき、その冒頭の

国境の長いトンネルを抜けるとそこは雪国であつた。

という文でサイデンステッカーが、大変に苦労したという話を聞いたことがある。それは、「抜ける」の主語が何かが明示されていないところから来たものであったそうである。国語としては何の不自然さもない、この文も、英語という眼から見れば、主語が書かれていないということで、唐突な表現と感ぜられたのであろう。そして、この文は結局、次のような英語で発表された。

The train came out of the long tunnel into the snow country.

'The train' という、国語では使われていなかった主語が加えられている。確かに、トンネルを抜けるものは、ここでは「汽車」以外には考えられない。その意味で、この英訳の文は、原文の内容を十分に表わしていることになるのであろうが、しかし、英語に書き表わされたものから国語を見なおしたとき、ここに、一つ、何かがあるように思えてきた。〉

はい、つっかえたと申すのは三回出てくる「国語」という所です。なんでつっかえたんだろう、と考えてみると、ふつうは「日本語」と言うかららしい。自分が書いても自然にそうなりそうだ。著者は一九三五年生れとあるから同年代のかたである。

うーん、以前はこういう際「国語」と言うのがふつうだったのかなあ。おれも自然とそう書いていたのかなあ。子供のころはどうだったかなあ。考えてみても、意識したことがないらしくて、何も思い出せない。昔の物をのぞいてみた。

国民学校教科書の三年生から「初等科國語」がある。多分これが「国語」ということばに出会った初めだろう。第一課は「天《あめ》の岩屋」で「天照大神《あまてらすおほみかみ》は、天の岩屋へおはいりになって、岩戸をおしめになりました。」と始まる。こういうことを教わるのが「国語」だと思っただろう。何も記憶はないけど——。なお、一、二年生は「ヨミカタ」「よみかた」

です。

戦争に敗けてすぐ、日本中の子供の間に、進駐軍のジープを追っかけて「ギブミー」と叫ぶとチョコレートやチューインガムを投げてもらえる、という話がパッとひろがったようだ。わたしも追っかけたような気がする。投げてもらえたかどうか。投げてもらえたとしても、わたしはドジだからほかの子にとられたにきまっている。それで「チョコレート」「チューインガム」「ギブミー」ということばをおぼえ、そういう話の中で「英語」ということばが出てきて、その対比で「日本語」ということばが出てきたんじゃないかと思う。

いずれにせよ「国語」というのは学校の科目の名前で、「日本語」は多分進駐軍の話の中で出てきたことばで、相互に全く無縁であったろう。

本棚に石黒修『美しい日本語女性新書』（昭和十八年光風館）という本があった。戦後古本屋で買ったらしい。前書きにこうある（今の字にして引く）。

〈ことばの美、国語の美もさうである。（…）

自分の身なりを、鏡を見、人のなりを見てなほすやうに、国語について知るには外国語と比べてみるのが早道である。

この本の標題を『美しい国語』としないで『美しい日本語』としたことは、多少とも第三者的に、高い見地から国語の美について述べようとしたからである。〉

「国語」と言うのがふつうであったことがわかる。

そのつもりで見ると、わたしの貧しい本棚にも、「国語」という語について書いた本はけっこういろいろあった。みな忘れているから読み返した。

最も詳細で、すぐれた著作だと思ったのは、イ・ヨンスク『「国語」という思想』（'96岩波書店）、同『「ことば」という幻影』（'09明石書店）である。著者は一九五六年生れ韓国の人。韓国の大学を出て来日して大学院に進んだらしい。

両著通じて「国語」の話である。著者が言うようにこの語は「純然たる日本製漢語」である。江戸期以後のこの語の、意味、用法を丹念にたどっている。戦前戦中の朝鮮における「国語」のことも詳しい。

今の日本語の「国語」はふつう、明治二十七年（一八九四）に上田万年（東大教授）がドイツから帰って言い出したこととされており、その通りであるが、イ・ヨンスクさんは「上田は「国語」と「国家」との有機的結びつきを普遍的に妥当するものとして定立したうえで、〈日本〉の独自性・固有性を説いたのである」と注意を喚起している。つまり、フランスのフランス語、ドイツのドイツ語、イタリアのイタリア語等々がみな「国語」であり、したがって日本の日本語が「国語」であり、したがってもっぱら日本の日本語が「国語」である、というややこしいしかけになっているのである。上田の『国語のため』

（明治二十八年冨山房）は帝国大学教授として国家の要請にこたえたものであるから筋の通った話として読もうとすると甚だ難渋する。

イ・ヨンスクさんは「国語」について説いて本格的だが、何しろ本二冊分あってなかなか面倒である。そこのところをぐっとわかりやすく書いてくださっているのが、加藤秀俊先生の『なんのための日本語』（'04中公新書）である。

この本はわたしにとって、実にしっくり来る。かゆい所に手がとどくようである。わたしは文章を書いていて、書く時にいつもひっかかる、抵抗を感ずることばがある。いくつもあるがその一つは「外国語」である。しかしだれもがふつうに「外国語」と言っていることだし、ここは特にこのことばについて言っているのでもないから、まあいいか、と「外国語」と書いて通りすぎることが多い。時には「他語」と書いたりもするが。

日本は世界でも珍しくまわりを海にかこまれて一国をなし、中の人間はみな日本語をしゃべっているから、日本語以外のことばはみな必ずどこか外国のことば、「外国語」である。だから日本のことを言っている時にはそれでいい。

しかし日本以外のことを言う時にはそれではゆかない。たとえば中国の大多数の人にとってチベット語は、一言も知らないよそのことばである。しかし外国語ではない。同じ中国のことばである。その他ウイグル語とかチワン語とか、広い範囲で何百万単位の人がしゃべっていることばがいくらもある。中国だけではない。たいがいの国で同様である。そりゃそうだ。世界の国の数はせいぜい二百足らずである。言語の数は何千もある。日本が特殊なのである。

加藤先生のこの本は、「母語と外語」「外語とのであい」「外語をはなすひとびと」などの項があるように、一貫して「外語」ということばを使っている。「外国語」については、

〈「外国語」というよびかたじたいがおかしいのである。〉

と言っていらっしゃる。

ではなぜ日本では「外国語」と言うのか。先生によればこれは明治初年に始まる。明治になって人々が日本の外に目を向けるようになると、

〈世界がいくつもの「国」にわかれていて、言語はおおむね「国」を単位にしているようにみえた〉

〈おおくの日本人が世界のすべての国にもそれぞれの「国語」がある、という単純な錯覚をもつようになってしまったからである。〉

と説明してくださっている。これはよくわかる。確かにそういうことであったのだろう。

この「錯覚」はずっとつづいていたようであって、わたしが自分の中学校にあがって英語を習い出したころのことを考えても、アメリカとイギリスは英語、フランスはフランス

語、ドイツはドイツ語、といった一対一の感覚であったような気がする。加藤先生によればアメリカは「多言語国家の極端」で「すくなくとも百以上の母語集団が雑居」しているのだそうです。

で、先生の話は日本の「国語」のことになる。「おかしな名称」の項以下にこうある。

〈というのは、わが日本の言語をおおくの学者や行政機関のあいだでは「日本語」と名づけることをせず、「国語」ということばでよぶ習慣が定着してしまっているからだ。

（…）これはおおいに奇異である。〉

〈なぜ「国語」などという奇妙なよびかたがうまれたのか。〉

小生は、これまで意識しなかったのだから当然ですけど、ちっとも奇異とも奇妙とも気づきませんでした。加藤先生はこのイキサツを検討して、

〈だが、将来にわたってこれではこまるのである。「日本語」は「日本語」とよぶべきであって「国語」ではよろしくないのである。不都合なのである。〉

と結論していらっしゃる。

日本語でも国語でも指す物は同じのようだが、「国語」についての本を読むとそうではない。「国語」には日本の国民精神が脈打っているのだそうである。戦前朝鮮や台湾の人に国語を教えた。日本人より日本語がうまい人もできた（標準語を教えたのだから）。し

かし彼らの日本語には国民精神が宿ってないから、国語としてはホンモノでなかったのだそうだ。なるほどねえ。

戦後、本や文章の題や目次や中身に「日本語」と書くものがだんだん多くなってきたらしい。棚に平凡社の『日本語の歴史』八冊（昭和38〜41）があった。これなんかが一般向けの本で題に日本語とする早いほうかもしれない。シリーズの統括者亀井孝先生が、タイトルは「日本語」で行こう、と言ったのかもしれません。

岩波文庫の服部四郎『日本語の系統』の元の本は昭和三十四年に同じ題で岩波から出たそうだ。これに限らず言語学者は当然早くから「日本語」という語を使っていたに相違ない。安田敏朗『「国語」の近代史』（'06中公新書）によれば日本の大学は「一九八〇年代以降、国語国文学科がなだれをうつように日本語日本文学科へと名称変更を行なっている」そうです。

同じ物を指しながら、一方は人類言語の一つ、一方は国民精神の拠り所、加藤先生仰せのように、全く厄介なものであります。

吉田松陰書簡の近代語

日本の近代語、と言えば、ふつう明治以後のことばである。近代の社会や生活のなかで生れ、あるいは使われるようになった語である。

もちろん一つ一つのことばにマークがついているわけではなく、したがって厳密なものではないが、漠然とながら江戸時代にはなかった感じのことばが近代語だ。

ところが、吉田松陰（一八三〇―五九）の書いた手紙を読んでいると、その近代語の感じのことばがけっこう出てくる。

吉田松陰はまだ江戸時代のうち、安政六年（一八五九）に三十になるやならずで刑死した人である。その手紙のなかに「近代語」の感じの語がひょいひょいと出てくるのである。

たとえばこれは初めて江戸へ出てすぐのころ、嘉永四年（一八五一）に、国元（長州萩）の叔父に江戸生活のようすを知らせた手紙である（カッコつきふりがなはわたし（高島）が勝手につけたものです。無視してください）。

〈運動は馬場天気なれば隔日に有レ之（…）又安積・古賀・山鹿など孰《いづれ》え行候ても一里許《ばかり》之所にて相応に運動になり申候。〉

運動は馬場でお天気がよければ隔日にあります。これは前便で、馬場は馬多く乗馬の稽古は十分にできます、と言っている。乗馬を「運動」と言っている。安積艮斎・古賀茶渓（謹一郎）・山鹿素水は皆先生である。それぞれ家塾をやっているのだろう。三先生の所、どこへ行くのも一里ほどなので適度の運動になります、と言う。

ここに二へん出てくる「運動」、これは今の人が言う運動と全く同じ意味用法である。そしてこういう言いかたはそれ以前の文献には見当らないようである。

無論江戸時代の人も、歩いたり動いたりすることが健康にいいことはわかっていたし、実行している人もいた。特に歩くのを日課にしている人はいくらもいた。しかしそれを「運動」とは言ってなかった、ということである。「太陽が空を運動する」（動く）などとは言ったし、「身体を運動する」（動かす）という言いかたもあったが、今の日本語でふつうに言う運動、つまり松陰の手紙のような言いかたはなかった。だから、おっ新しいな、という感じがするのである。

わたしが見ているのは、岩波文庫の広瀬豊編『吉田松陰書簡集』（昭和十二年）である。

松陰の手紙は九百数十通のこっているそうだが、この本に入っているのはそのうち百通、一割ほどである。半分が獄中（萩の野山獄、江戸の獄）から友人・門人・家族などに出した手紙である。

本文は広瀬氏が、かな文字はみな標準ひらかなにし、句読点・返り点・ふりがなを附して読みやすくしてある。出てくることばはもちろんすべて松陰が用いているそのままである。

もう一つ、同じころ国元の兄に出した手紙を御紹介しましょう。

〈外藩人の交は城府を撤し候て何も丸はだかの付合故、詩文を為《み》レ見《せ》候ても愉快に御座候。御国之交際は却て上向《うはむき》繕ひ面従後言多き様覚申候。〉

他の藩の人との交わりは壁がなくて何事も丸裸のつきあいですから、詩や文を見せあっても愉快です。同じ長州藩の者同士はかえって上《うわ》べを取りつくろって表面と本音のちがうことが多いように思います。

この「愉快」「交際」も近代語の感じである。「交際」は上で「付合《つきあい》」と言ったからことばを変えたので、もちろん意味は同じである。「面従後言」は今なら「面従腹背」と言うことが多かろう。

なお右の、同国人同士はオープンでない、という所見はおもしろい。明治になって日本人が西洋へ行くようになってからも、英国人やフランス人とはあけっぴろげでつきあう、日本人同士はかえって率直でない、ということがあったろうか。あったんじゃなかろうかという気がします。

松陰と同じころの人坂本龍馬の手紙は百三十九通のこっているそうだ（松陰よりだいぶ残存率が低い）。わたしの持っている旺文社文庫版には百二十八通入っている。

松陰とくらべると、口語的で、くだけていて、ユーモラスである。松陰の手紙はすべてまじめであり、龍馬の手紙にはゆとりがあり遊びがある。

しかし近代語ということになると、龍馬は存外すくない。「実行」「目的」などが目につく程度。ただし完璧な近代語として時刻がある。たとえば「夜十一時頃」など。これは慶応三年（一八六七）友人あてのものだが、このころには、龍馬はもとより手紙の相手の友人たちも西洋式時計時刻で時を言うようになっていたのだろう。

近代語は今のわれわれにとっては何でもないことばだが、使われ始めたころには、聞きなれない固いことばであったろう。安政六年（一八五九）に死んだ吉田松陰より八年あとの明治直前まで生きていた坂本龍馬の手紙にかえって近代語がすくないのは、文面が固くないせいかもしれない。また、松陰の手紙によく出てくることは、近代語は必ずしも明治以後ではなく、幕末、つまり十九世紀後半ごろから若い知識人のあいだで用いられていたことを示している。

近代語、というのは、その形だけでなく、意味内容や用法が近代であるのを言う。その語（文字列）が中国や日本の昔の典籍に見えることはよくある。最初に言った「運動」で言えば、この漢字二字の集合（文字列）は昔からある。保健・健康のためのエクササイズの意味用法が近代語なのである。

またたとえば、「実験」という語は昔からあるし松陰の手紙にも出てくる。こんなふうである。

〈西洋砲銃のことは一言にて断ずべく、故は、彼は各国実験を経たる実事、吾は太平以来一二之名家座上之空言、此二つを以て致㆓比較㆒候へば其黒白判然に御座候。〉

軍隊の砲や銃など近代兵器についての、西洋と日本との相違を述べたところである。「彼は各国実験を経たる実事」というのは、西洋各国はここ数百年戦争を重ねているのだから、砲や銃など火薬を使った兵器は実際に製造し実際に使用している、ということ。対して日本は徳川時代になってから平和な世の中つづきだから、近代兵器のことは兵学家が口でしゃべっているだけで、実際にそれを使って戦争をしたことはない、というのである。「実験」は実際経験、このばあいは実戦経験である。

対して近代語の「実験」は、これはどなたもごぞんじの通り、科学に関して、ある条件を設定してどういう効果が生ずるか実際に試してみること、たとえば「化学の実験」などである。東北で大津波にあってあやうく助かった人が「私は東北大津波を実験しました」とは言わない。それは昔の意味用法である。今の人なら「実際に経験（体験）しました」と言う。対して「化学の実験」が近代語である。よって右の松陰書簡の「実験」は近代語ではない。

なお右の松陰の手紙に「比較」が出てくる。これは形も意味も今と同じであるが、よみ（音）がちがう。「ひこう（ひかう）」である。したがって、近代語そのまま、とは言いにくい。

つまり「近代語」というのは、必ずしも、その語が近代になって作られた、というのではない。その語（文字列）は昔の中国の典籍にあっても、意味用法が近代であれば近代語である。「運動」や「実験」がそうであった。あるいは「研究」という語（文字列）は昔からあり松陰の手紙にもよく出てくるが、今の人が言う「研究」、大学の研究室とか宇宙線研究所とかの「研究」は近代語である。

もう一つお目にかけよう。刑死する直前に江戸伝馬町の獄から在江戸の門人に出した手紙である。

〈五日程同居致候勝野保三郎昨日申口相立出牢相成候。此人勝野豊作之弟にて行年二十二、才気ありて純粋なる男子後来頼母敷、去年以来在獄にて僕投獄已来時々音信致候得共未だ心事を不レ尽候処、四五日同居大に論二学事一懸け候所出牢残念なり。〉

この「純粋なる男子」の「純粋」がいかにも近代語である。今でも「あいつは純粋な男だから」などとふつうに言う。

少し内容を見ましょう。勝野保三郎は勝野豊作の弟とある。勝野豊作は人名辞典に志士として出てくる。安政の大獄で捜索の身となったがうまく逃れて、この安政六年に五十一歳で病死した。当人は逃げたが子の保三郎はつかまって押込に処せられたとある。年齢から見て「子」のほうが本当だろう。「弟」は多分松陰の聞きちがいか書きちがいである。

そういうわけで保三郎は前年から伝馬町の獄にいた。安政六年七月松陰は萩の野山獄からこの獄に移された。それを知った保三郎が手紙をよこした。以後時々手紙のやりとりをしていた。この十月に保三郎が松陰の獄室に入ってきたので大いに語りあって意気投合していたところ、保三郎はほんの四五日いただけで、弁明が聞き届けられて昨日出獄してしまい残念、というのである。父親の政治活動のことはわたくし全く存じません、という申し立てが認められたのであろう。その後の維新史に勝野保三郎の名前は見えないから、実際討幕運動などにはかかわらなかった人であると見える。

松陰と同室して「大《おお》いに学事を論じ懸《か》け」というのはどちらから論じかけたのかわからないが、要するに双方論じあったということだ。「学事」の中身は不明ながら、「学事」と言うからには、どうやって幕府を倒すかといった直接的政治行動のことなどではなかったのだろう。そんなことを大っぴらに語りあっていたら出獄できなくなってしまう。

獄にいて、こんど誰が入ってきたとすぐ情報がつたわり、「おっ、有名な吉田松陰が入ってきたか」と手紙を出し、以後やりとりできたというのは、江戸時代の牢獄って案外呑気なところもあったんだなあとおもしろい。獄吏に金をやって頼んだら手紙をとどけてくれたのかもしれない。

松陰がこの手紙を書いたのが安政六年十月十七日で、この時には近々死刑になりそうだということはほぼわかっている。実際に執行（斬首）されたのは十日後の二十七日である。

罪名は、同志たちとともに、幕府の老中間部詮勝《まなべあきかつ》を襲撃しようとしたことである。志士たちの間で大老井伊直弼襲撃をめざす者が多かったので、松陰らは間部を狙おうということになったらしい。

この文は、もっぱら松陰の手紙に見える近代語について申しあげました。

『米欧回覧実記』

明治四年（一八七一）十一月から同六年九月までの二年ちかく、日本政府の首脳は、大挙して、西洋諸国見学・学習に出かけた。岩倉具視、木戸孝允、大久保利通、伊藤博文など総勢約五十人。太平洋を渡ってアメリカ西海岸にあがり、大陸横断してヨーロッパに渡り、地球を一周して帰った。

まわった国は米英など十二国、見学した所は、政府・議会・学校・工場・博物館・庭園等々きわめて多種多数だが、最も多いのは産業施設である。

久米邦武が書いた『米欧回覧実記』はその記録である。明治十一年に出た（いま岩波文庫で五冊）。久米は佐賀の人で、明治政府に仕え、この使節団の記録係としてついて行った。出発の年に数え三十三歳。日本の外へ出たのはこの時が初めてである。

これを読むと久米が、丈夫で頭脳優秀な人だったことがよくわかる。どこの国へ行っても都市へ行っても、あちこちから見に来い見に来いとひっきりなしに呼ばれる。使節団の人たちもくたびれてしまって、元気の残っている一部の人だけが行くこともある。久米は記録係だから全部ついて行って、工場なら製造工程とか博物館なら展示品とか、詳しく記録しなければならない。見るものすべて初めてだし、現地の人の説明はそこの言語である。しかしほぼすべて理解している。

たとえばイギリスのグラスゴーで「ロヤルエキステンヂ」と「チェンバル、オフ、コンメルス」と「コルポレーション、ガルリー」へ行って、何をする所かわかりにくい、と言っているが、それでも何とか説明している。最初のは証券取引所、次は商工会議所らしい。三つめは「仲間中ノ会合所」と言っているから、会社の株主集会所のような所へ行ったのではないかと思う。

岩波文庫校注者の田中彰さんがこの本のことを「エンサイクロペディアであり」「明治記録文学の傑作」と書いている。読んでみて、まことにその通りと思う。「最高傑作」と「最高」をつけたい。

エンサイクロペディアだから数字が多い。たとえば都市へ行くと、そこの経度緯度、海抜、面積、人口の推移、生産力、等々、といったふうに。みなそこの責任者から得た数字である。

移動は鉄道である。他の人は寝ていてもよいが、久米は窓から見える樹木、農作物、人家のようすなどを記録しなければならない。丈夫な人だなあ、と感嘆するゆえんである。見るところは鋭い。たとえば西洋では、荷をかついで行く人を見ない。馬の背にのせて運ぶこともない。物の運搬は、車に積んで馬に引かせている。ぐんと能率がちがう。したがって車輪と道路が優秀だ、など。

十二国をまわったが、分量均等に書いているわけではない。最初のアメリカが全体の二割（岩波文庫の第一冊）、次のイギリスが二割（第二冊）、つまり米英二国で全体の四割を占める。あとのフランス、ベルギー、ドイツ、ロシア等十国をあわせて六割の分量である。米英重視である。

明治四年ごろというのは西洋語の訳語ができつつある時である。本書のアメリカの部に「民主」という語が何度も出てくる。デモクラシーの訳語が固まっていたことがわかる。しかしまだ途上である。この本のなかでもあとになるほど訳語ができてくる。日本から、英語、フランス語、ドイツ語、ロシア語の通訳をつれて行ったようだが、困難が多かったろう。化学と経済関係は比較的訳語の出来が早い。

米英の部、特にアメリカの所には英語がよく出てくる。フランス以下の所では固有名詞以外そこの言葉があまり出てこない。久米はそこそこ英語ができたのではないかと思う。

英語の出かたはほぼ左の五つにわけられる。

①原語。ただし原綴は一切なく、カタカナである。しばしば前後に説明つき。
②原語音の漢字書きにカナがついている。
③漢字訳語に英語カナがついている。
④漢字訳語に日本語がついている。
⑤漢字訳語のみ。

以下一々申しあげます。なお本書には種々の括弧《かっこ》が用いられている。それはそのまま写す。わたし（高島）の本書からの引用は《　》で示すこととします。自明であれば略すこともある。時々ひらかなのふりがながあるが、これは岩波文庫がつけたものである。

①原語。括弧つきカタカナ。

よく出てくるのは「スピーチ」である。どこへ行っても必ずそこの偉いさんの「スピーチ」がある。こちらも「スピーチ」を返す（必ずではないが）。これは今の日本語で言えば「あいさつ」だろう。ただ当時の日本語ではそういうセレモニーの辞を「あいさつ」とは言わないし、そもそもそういう習慣がないから、そのまま「スピーチ」と言ったのだろう。

「カドレーキ」「カトレイキ」もよく出てくる。カトリックである。対するのが「プロテスタント」である。

《「ヂンネル」〈「ヂンネル」ハ正食ノコトニテ夕ニ食スル大饌ヲ云〉ヲ享シ》。

ディナーである。

《街車ハ「ストレートカール」、又「オミニュビス」ト云、往来路ヲ定メ、処処ニ止リ、行客ヲ上下セシムル、乗合《ノリアヒ》馬車ニテ、其車ニ大小アリ》。

前のはストリートカー、あとのはオムニバスつまりバスである。どちらも馬が引く。前者は鉄のレールの上を行き、後者は道を行く。先のほうに《往返ノ街 車《オミニユビス》ハ、形式ヲ小ニシ、路ニ鉄軌ヲ施サス》とある。施サスは〝ほどこさず〟。

《「ヂラブ」〈長頸ノ大鹿〉……「カンクロウ」〈肚ニ袋アル獣〉》。

動物園で見た。キリンとカンガルーである。

《「メヨ」》。メイヤー。市長である。知事《メヨ》ともある。
②原語音漢字書き、カナつき。数多し。大部分固有名詞。中国であてた字を借りたものが多い。まえがきで、字数が少くてすみ便利、と理由説明している。
《桑方斯西哥《サンフランシスコ》》《費拉特費《ヒラドルヒヤ》》《市高俄《チカゴ》》《華盛頓《ワシントン》》《不列顚《ブリツデン》》。

《巴力門《パーレメント》》。議会。これは普通名詞だが、一種の固有名詞のつもりなのだろう。

これの一種で、一字は意訳というのもよくある。

《新約克《ニユーヨーク》》。新《ニユー》は意訳、約克《ヨーク》は音訳である。《緑 威《グリンウイツチ》》。緑《グリン》は意訳、威《ウイツチ》は音訳。グリニッチはイギリスの天文台。

③訳語に英語カナがついたもの。これが多い。

くりかえし現われるのは《学知《タオリック》》と《経験《プラチカル》》のセットである。必ずセットで出てくる。訳語やカナが少しちがうこともあるが、同じである。《理上《タオリック》ノ工夫ト、実験《プラクテク》ノ鍛錬》《西洋ノ学芸ニ、「タヲリック」〈理論〉「プラチック」〈実験〉ヲ分ツ》など。セオリーとプラクティス、理論と実際、これが西洋文明の根本と見ている。

それから、話がぐっと卑近になるが《引火奴《マッチエ》》がよく出てくる。マッチを見て、こりゃ便利なものだ、と思ったらしい。《引火奴《メッチエ》靴《クツ》帽《ハット》 手套《テブクロ》ノ類》《石鹼《サボン》帨巾《てぬぐい》引火奴《マッチユ》嗽碗《そうわん》火罏《ストーブ》》《引火奴《マッチエ》〈即摺付木〉》など。〃摺付木《すりつけぎ》〃と言っているから存在は知っていたようだが、そうポピュラーでなかったことはたしかだろう。引火に奴をつけたのは卑賤の物の意か？　あとになると引火籤《マッチユ》になる。右のうち帽《ハット》と火罏《ストーブ》も訳語に英語つきである。

《乾酪《チイス》、乳酪《ボートル》》。これもよく出てくる。チーズとバター。

《蒸気軸車《ロコモチーフ》》。鉄道関係はよく出てくる。レールは上に出てきたように《鉄軌》である。汽車は《蒸気車》である。そして機関車が右蒸気軸車《ロコモチーフ》である。単に軸車と言っている所もある。軸車はいい訳語だと思うが、なぜか機関車に負けて消えてしまった。駅は《駅站《ステーシヨン》》。《禽獣園《ヂヨーロチ》草木園《ボタニック》博物館《ミシヤム》》。動物園、植物園、博物館である。動物園は「ヂョーロチ、カーテン」とも出てくる。禽獣《ヂヨーロヂ》はゾウオロジーである。博物館は博覧館とも。

《船廠市場《ドックマーケット》銀行《バンク》相場会所《エキステンチ》、及ヒ商長《コンメルス》》。ここではエクスチェンジを相場会所と訳している。またコマース（多分チェンバーオブコマースの意）を商長と訳している。市場・銀行という訳語は固まっているようである。

《運上所《コストンハウス》》。税関である。運上《コストン》はカスタム。

《噴水《ホンテイン》》《跳水《ホンテイン》》。ファウンテン。まだ訳が固まってないのかもしれない。跳水のほうが多い。


むずかしいのもあります。

《其佗《そのた》工匠農具「シヴィル」器械《インヂネル》ノ属、凡《およそ》百般ノ鉄冶場ハ》。鉄製機械器具の製造場を言った所で、「シヴィル」器械《インヂネル》は土木建築機械一般を指すのではないかと思う。器械《インヂネル》はエンジニアリングであろう。

《国内ノ房　産《フリーホルドル》アルモノ議員ヲ選フコトヲ得ル》。辞書を引くとフリーホルダー「（不動産などの）自由保有権所有者」とある。土地家屋を持つ者、ということですかね？

南米ペルーの産品《雀糞《クアノ》》というのが何度も出てくるが何だかわからない。『日本国語大辞典』を引いてみたらちゃんとありました。えらいものです。左に引きます。一部略。

〈グアノ guano 元来インカのケチュア族の言葉で「糞」の意。群棲する海鳥の排泄物で

できた堆積物。ペルー、チリの沿岸の諸島が有名な産地で、窒素、燐酸肥料に利用される。〉

あとのほうでは《海鳥糞《クアノ》》ともありました。記録者は何でも知ってないとつとまらない。

右に数々出て来た英語カナ書き、今の人とはずいぶんちがう。たとえば、濁点の有無に全く無頓着である。今の人にとってはカーテンとガーデンはまるで別物だが、平気である。「タライ、トック」とあって次の行に「ダライトック」とあり、以下「ドック」と「トック」とごちゃまぜ。当人は同じことを書いているつもりなのであろう。久米に限らず、昔の人はそうであった。なおドライドックは乾ドック。

④漢字訳語に日本語がついたもの。これはもとの英語が何であるかわからない。想像するだけである。

《機関《カラクリ》》。何度も出てくる。マシンあるいはメカニックでしょうか。

《避雷柱《カミナリヨケグヒ》》。ライトニングロッドでしょう。

《馬鈴薯《ジヤガタライモ》》。ポテトを中国で馬の鈴に見立てて馬鈴薯と訳し、日本ではジャガタライモと言った。ジャガタラはジャガカルタ。オランダ人がジャガタラから持って来た。

《起重器《オモキヲアゲル》ノ鶴頸秤《かくけいしょう》》。クレーン。原義は鶴。クレーンを用途と名称（形状）と両訳したのではないか。よく出てくる。
⑤の漢字訳語は数が多いので次回に申しあげます。

明治初めの訳語

久米邦武『米欧回覧実記』（現在岩波文庫）に見える明治初めのころの訳語について申しあげます。

と言っても今回とりあげるのは、これは訳語です、という目印のついていないものである。だから、特定の一語の訳語とは限らないかもしれない。また必ずしも明治になってからの訳語ではなく、それ以前からある日本語（漢語を含む）を用いたものもあるだろう。しかしとにかく、この本の内容全体が、西洋の政治や経済、あるいは学術や産業や社会を日本語で紹介したものであるから、出てくることばの多くが広い意味での訳語と言ってよかろう。

一応ごく大ざっぱに以下の三種にわけよう。

①語形語義ともいまと同じもの。

②語形はいまもあるが、意味がちがう、あるいははずれているもの。

③いまはないもの。たいていは別の訳語が用いられている。

実際にはこれらがごちゃまぜに出る。たとえば実用的な学ないし技術として次のようなことばがあちこちに出てくる。

《理学、化学、重学、度学、水学》など。

理学は物理である。あとになると物理も出てくるから、それがその後安定したのだろう。重学は力学、度学は測量である。のちに訳語が変ったのだろう。水学は水の供給にかかわる技術である。廃水の処理まで含むかもしれない。下水道はあちこちで見学して、巨大なのに驚いている。

子供が学校に入って教わることとして、教える順に、《語学、文典学、画学、数学》などとある。

語学というのは、日本語で言えば「いぬ」「とり」というようなことばを教えることだろう。文典学というのは「いぬがいます」という文を教えることだろう。画学は「犬の絵をかいてみましょう」、数学は「犬が一匹います。もう一匹来ました。あわせて何匹でしょう」というようなことだろう。漢学で育った人が西洋先進文明の訳をやるからむやみに「学」がつく。スタディあたりかもしれない。

そういうわけで訳語はさまざまなのだが、一応右の①②③にわけた。①はあとまわしにして②から参りましょう。
しょっちゅう出てくるのが「生理」である。これはひとまず今の日本語の「生活」「くらし」に相当すると考えてよかろう。ライフあたりだろうか。たとえばアメリカ合衆国について、
《人種ノ殊ナル、風俗ノ異ナル、其地宜《ちぎ》ヲ相《そう》シテ生理ヲナスモ、亦相同《あいおな》シカラス》
アメリカは広い国だから、人々のくらしのようすもさまざまである、というのですね。しばしば、経済生活の意味が含まれる。たとえば汽車の旅の、窓からの観察。
《川ヲミレハ其漕運灌漑ニ注意シ、野ヲミレハ其分田道路ニ注意シ、山ヲ走レハ其材木礦利ニ注意シ、村駅ヲ過レハ其鳩聚《きゅうしゅう》生理ノ状ニ注意シ》
そこまでの所みな産業経済に注目しているのだから、村駅の所も、人家が集まって生活している、というだけでなく、生業を営んでいる、というのだろう。分田は畑の区切り。
《此辮髪人カ賤直ニテ使役ヲウケルニヨリ、大ニ生理ヲ助ケ、開拓ヲスヽメタリ》
欧米人は賃金が高いが、中国移民が安く働いてくれるので経済活動がはかどった、という。賤直《せんち》は安い賃金。
同じことを「生意」とも言う。
《米国各地ヲ経過シ、其生意ヲ注目スレハ》

《農牧ノ業ノミニテ、国ノ生意ヲ証シ難シ》

農耕牧畜だけでは国の経済を計れない。礦産製鉄製造業商業など種々観察の要ありと言う。

「商法」という語がよく出てくる。これは今と意味がちがい、商売の意である。

《然レトモ商法ハ活機ナリ、詭道《きどう》ナリ》

商売は機転である。だましあいである。

フランスについて、《畢竟《ひっきょう》此国ハ、商法ニ巧者ナルカ如ク》イギリス人の物作り上手に対してフランス人は商売上手だというのである。日本人と西洋人とを並べてそのちがいを言った所がある。それが当っているかどうかはともかく、使っていることばを見てください。なおここで言う「東洋人」は日本人である。

《東洋人ハ実験ニ巧者ナリ、西洋人ハ術理ニ達者ナリ、東洋ノ巧ミナルハ手術ニアリ、西洋ノ巧ミナルハ器械ニアリ》

実験はプラクティス、術理はセオリー、これは前に言いました。「手術」は、手先を使ってやること、器用さ。「器械」は道具を使ってやること、その道具である。手術は、むしろ今の日本語の「手術」のほうが、あとで特殊化した言いかたであろう。

《水盤花瓶ノ類ハ、輪台ノ捏造《ねつぞう》ニテ成ル》

英国「チュスター」州の所。捏造。こねて造る。捏はこねるの意だから右が本義である。輪台はろくろ。ホイールか。久米が輪台という新訳語を作って用いたのは日本のろくろとは造りがちがったのかもしれない。水盤は洗面器の類か。アメリカで初めて水道を見た時に「顔ヲ洗フニ水盤アリテ、機ヲ弛《ゆる》ムレハ、清水迸《ほとばし》リ出ツ」と書いている。ここは陶器の洗面台か。機は蛇口のひねり。別の所では《竜頭《リューヅ》》と言っている。なお岩波文庫は捏造《ねつぞう》とふりがなをするが久米はデツゾウのつもりだろう。

「コロンボス」がアメリカを見つけたことを、

《竟《つい》ニ亜墨利加ノ洲土ヲ発明シタレハ、此コソ印度《インド》ナリト思ヒ、因テ其人民ヲ「インヂヤン」ト名ツケタリ》

イギリス人が英国製品は物はよいがデザインが劣るのに気づいたことを、

《英国ノ製作物ハ、技巧ノ練熟ハ、外国ニ相競フヘシト雖トモ、形貌《けいぼう》ノ拙劣ナルコトヲ発明シ》

つまり「発明」は今の発見の意味である。

③の今は使わないことば。

「営業力」という語がよく出てくる。
《穀肉ノ類ハ、営業力ヲ生スルノ元品ニテ、飲料ハ快楽ヲ媒介スル物品タリ、営業ヲ務ムルハ、快楽ヲ得ント欲スル所ナリ、国ノ開明富饒ナルニ従ヒ、飲料ノ消費ヲ増加スルハ、亦自然ノ理ナリ》
英国「スタッホルト」の所。穀肉は食い物の意である。穀物と肉で食い物全体を代表させた。《営業力》は労働エネルギーである。つまり、食い物は労働力の源であり、飲み物は快楽品である、人は飲んで楽しむために食って働くのである、と言う。だからよく働いて国が豊かになると酒やビールの消費がふえる、と酒の話になる。元品は原材料。よく出てくる。
《此国ハ人民ノ営業力余リアリ、尤モ能ク国益ヲ協興スルヲ務メ……》
英国は人民の労働エネルギーが十分以上にある。つまり国家全体の生産力、産業力が十分以上にある。だから国外に出す。
《東洋南洋ニ天産ヲ出スコト、甚タ夥多《おびただ》シ、只製作ノ業ニ注意ヲ欠ヲ以テ、其利ヲ挙テ、欧洲ニ仰ケルノミ、是東洋南洋ノ民ハ、天然ノ化力ヲ以テ、西洋ヨリ営業力ヲ買入ルナリ、之ヲ約《ツヽ》メテ言ヘハ、人民ノ游惰ナルナリ》
東洋南洋は天然資源がいっぱいある。しかし工業がないので工業製品を西洋から入れている。つまり東洋南洋の民は、勝手にある（できる）天然の物を西洋に売って、西洋人が働いて作った物を買っている。要するに人間が怠け者なのである。《天産》と《天然ノ化力》とはこの際同じことで、天然にできるもの、礦物とか樹木とか。其利《そのり》はここでは工業が作り出した物。

気候風土に恵まれると人間はズボラになる、という見かたはよく出てくる。だからヨーロッパ諸国のなかではイタリアが最低で、街《まち》はゴミだらけで臭《くさ》いし、人は道端でごろごろ寝ているし、乞食は多いし、とさんざんである。

ヨーロッパ大陸の所で「掊克《ほうこく》」という見かけないことばがよく出てくる。今の「搾取」である。エキスプロイトだろう。

《領地ノ民へ、掊克《ほうこく》ノ苛法ヲハシメ、僧侶ハ其中ニオリ、又侵漁《しんぎょ》拘束ヲナシ》

侵漁も同じ意味である。

《依然民膏ヲ侵漁掊克《ほうこく》シ、民堪ユル能ハス》

《貴族掊克《ほうこく》シ、僧侶侵漁セルニヨリ》

掊克も侵漁も古い漢籍に見える語である。よくそんなのをおぼえていて訳語にあてるものと感心する。なお「搾取」は一九二一年に堺利彦が「共産党宣言」中の訳語として作ったとのこと。

《車輪ノ渋滞ヲ致スハ、二ノ阻力ニヨルモノナリ、甲ハ車転磨輾《まてん》ノ間ニ生スル阻力ニヨル、乙ハ車輪ノ道路ヲ輾《きし》ルニ生スル阻力ニヨル》阻力。摩擦抵抗である。フリクションか。阻力はまことにいい訳語だのに広まらなかった。なお渋滞は無論今の車の渋滞ではなく回転の不滑である。

今と同義の訳語①もできつつある。

化学の語が早いようである。《空気》《温度》《酸素》《窒素》《炭酸瓦斯》《硫酸》《硝酸》《亜硫酸》など多い。

政治経済関係も早いようだ。《政府》《経済》《権利》《大統領》《国会》《代議士》(初めのうちは《代人》《名代人《みょうだいにん》》などだがあとになって《代議士》になる)《国債》《統計》《輸入》《輸出》(初めのうちは《輸入》《輸送》のセットだが、あとになって《輸入》《輸出》のセットになる)《紙幣》《農業》《工産》《価格》《消費高》など。

《貿易》もよく出るが、今より広く、一国内の商品取引をも言う。これはトレイドだろうから、そのほうが本来の用法だろう。

そのほか、《消化》(食ったものの)《進歩》《新聞》(ニュースペーパー)《教育》《研究》《番号》《裁判所》《石鹼》《針葉樹・広葉樹》《郵便切手》等々の訳語を用いている。

西洋諸国を回ったのは文明開化の見学であるから、特に産業交通など感心しているところが多い。しかし讃嘆ばかりではなく、人気《じんき》（人民の気風、民度）の低劣もしばしば述べている。また、キリスト教に対する嫌厭の情はよく出てくる。死刑囚が十字架にかけられて血をだらだら垂らしているのをありがたがって拝んでいるのは不快に耐えない、と率直な感想をのべている。

鷗外の詩

齋藤希史《まれし》『漢文脈と近代日本』（'07ＮＨＫブックス。以下齋藤著。他書の略称も同様）を読んでいたら、森鷗外の『航西日記』が引いてあった。

『航西日記』は、明治十七年（一八八四）、二十二歳の鷗外がドイツに留学した折の、八月下旬に東京を出発してから十月中旬にベルリンに着くまで五十日間ほどの紀行である。東京にいる弟の篤次郎にあてて書き、十月下旬に送ったとのこと。つまり元来私信である。全文漢文である。

どなたも御存じのように鷗外は西洋の医学を学んだ人だが、漢文を書くのが好きだったようで子供のころからいろんな先生について習ったらしい。

『航西日記』は弟篤次郎に送った現物が残っているわけではない。ドイツから帰ったあと、明治二十二年に医学界誌『衛生新誌』に連載したとのこと。齋藤著は「川口久雄編『幕末明治海外体験詩集』大東文化大学東洋研究所」の写真版をつけている。これと発表誌との関係はわからない。

この中に、明治十四年大学を卒業した時に作った詩、として七言律詩一首が出てくる。詩の前後の所を含めて左に引きます。

〈至明治十四年叨辱學士稱。賦詩曰。一笑名優質却孱。依然古態聳吟肩。觀花僅覺眞歡事。題塔誰誇最少年。唯識蘇生愧牛後。空教阿逖着鞭先。昂々未折雄飛志。夢駕長風萬里船。蓋神已飛於易北河畔矣。〉

「一笑」から「萬里船」までが詩である。字の脇の線は、右側は人名。左側は洋語の訳語マークのつもりか。いつ誰がつけたものかわからない。

詩の前の部分、「叨」という今時《いまどき》見かけない字がある。『角川新字源』に「トウ。②**みだりに**。かたじけなくも。」とある。詩の最初の句の中にこれも見かけない「孱」の字がある。同じく「セン。①**よわい**。虚弱な。」とある。詩のあとの所にある「易北」はドイツのエルベ川である。

ちょっと手元の本をのぞいてみて、この詩が、鷗外が残した二百首以上の詩の中で、最も議論のやかましい詩であることを知った。わたしの貧しい本棚にたまたまあった鷗外関係書だけでも、十冊近くがこの詩について議論している。

この詩の個々の語句や部分の解釈は人によってまちまちだが（だから議論になるのだ）、

ごく大まかな全体の意は、——大学を最年少で出たが、卒業の際の成績が悪く、あこがれの文部省派遣欧州留学、帰って東大教授、というエリートコースから外《はず》れてしまった。しかし留学の夢は捨ててないぞ、——といったところである。

卒業半年後陸軍に入って軍医になり、ドサ回り三年の後、幸運にも陸軍がドイツにやってくれることになったのである。

この詩は鷗外がいつ作ったものか。上述の通り当人は明治十四年大学卒業の時の作と言っている。それを真に受ける研究家はいないようである。早い人は、同十七年ドイツへむけ東京出発時の作とする。それなら「留学の夢は捨ててないぞ、俺は絶対行くぞ」がぴったり実現で拍子が合う。おそい人は、同二十二年雑誌発表時の作と見ている。これも、雑誌に発表したのだからその時に作ったのだろう、というのはリクツが通っている。

少し詩の内容を見ましょう。

最初の句に「名優」という語が出てくる。小島憲之『ことばの重み　鷗外の謎を解く漢語』(昭和五十九年新潮選書。現在講談社学術文庫)はここの所を「名のみ優《エリート》といわれながら」と訳して、「「名優の質」とよみ、晴れて学士となった鷗外自身を「名優」に見たてたものとする解釈が一般であるが、そうではあるまい。」と言っている。

対して、いやこれは日本語の「名優」つまり有名な俳優だ、と猛烈な反小島説が現われ、またその反論が現われ、と齋藤著が「けっこう賑やかな論争があったのです」と言う通りの経過があった。古田島洋介注釈『鷗外歴史文學集12漢詩(上)』(二〇〇〇年岩波書店)以後だいたい小島説に落ちついたようである。穏当だろう。

「質却孱」の却は、「名優」だが、の「だが」である。「質孱」は「体が弱い」とする人と、譬喩的の意と取って「実体は劣る」とする人とある。質を上にくっつけて「名優質」とするのは無理である。

「依然」は依然、「古態」は昔通りの様子、これは問題ない。

さあ厄介なのは「聳吟肩」だ。

これは動詞「聳」の客語(目的語)が「肩」、つまり「聳肩」、その「肩」に連体修飾語の「吟」がついている、という構造である。聳の客語が吟肩、と言っても同じこと。吟は、詩を声に出してよむ、節《ふし》をつけて吟《ぎん》ずることである。

諸橋大漢和には「聳肩」はない。「吟肩」はあるが日本の例のみ。

中国の『漢語大詞典』(以下漢語大)には「聳肩」の項がある。まず説明。「擡起肩膀。今多表示輕蔑、疑惑、驚訝等。」(肩をあげる。今多く軽蔑・疑惑・驚きなどをあらわす)。そのあと唐の韓愈の「《石鼎聯句》序」なるものの「道士啞然笑曰:'子詩如是而已乎?'印袖手聳肩、倚北墻坐。」という文を引いてある。昔の用例はこれ一つである。

印某という人が道士に「お前さんの詩はそれだけかい」と笑われて、袖手（袖に手を入れたまま）聳肩して北壁にもたれて坐った、という。この「袖手聳肩」を印のどういう感情をあらわすどういう動作として韓愈が書いているのか、漢語大は解釈を示していないのでわからない。

漢語大の「吟肩」の項に用例が複数あった。まず説明、「詩人的肩膀。因吟詩時聳動肩膀、故云。」（詩人の肩。詩を吟ずる時肩を聳動するのでそう言う）。聳動は肩が上下に動くことか。つづいて用例。南宋の朱熹の「次劉明遠宋子飛〈反招隠〉韻」の二に「榮醜窮通秪偶然、未妨閑共聳吟肩。」とある。これは、栄達も不遇も偶然にすぎない、まあのんびり一緒に聳吟肩しようじゃないか、といったところだろう。

もう一つ清の曹寅の「戯題王安節畫」と題する詩の「尋常不覺西風惡、纔聳吟肩葉打頭」。ふだんは秋風がひどいとも感じぬが聳吟肩したとたんに飛んできた木の葉が顔に当る、といったところか。

朱熹のは詩を作る、曹寅のは詩を作ろうとして顔をあげる、という感じがする。無論僕だけの感じです。

『佩文韻府《はいぶんいんぷ》』（以下韻府）の「吟肩」の所に宋の陸游の詩が二つあった。一つは「衣聳吟肩束帯寛」。上衣は肩が張ってて帯はゆるい、ということか。一つは「吟肩雅與寒驢稱」。

吟肩は常に冬の驢馬とつりあう。これは聳はついてないが、驢馬と折合がいいらしいことを気にとめておいてください。

「聳吟肩」が中国人がよく使うきまった言いかたであることがわかった。だから鷗外も使ったのだ。特に朱子の詩は韻府「吟肩」項のトップだから鷗外も必ず見ているに相違ない。十八世紀以後の日本人は詩を作る際韻府をめくる。もっとも鷗外が「聳吟肩」をどう解したかはわからない。それを研究家たちが議論しているのだ。

朱子の詩を最初に引いたのは古田島注らしい。後句を掲げて「未だ妨げず　閑《しづ》かに共に吟肩を聳やかすを」と訓読し、「肩をそびやかして詩を詠ずる。「吟」は詩人に関係する事物に冠する接頭辞。」と説明している。吟を接頭辞と言ったのはわかりやすくていい。

齋藤著が宋の蘇軾《そしょく》の詩「贈写真何充秀才」の「又不見雪中騎驢孟浩然、皺眉吟詩肩聳山」を紹介している。これには驚き、感心した。一句の中に吟と肩と聳とが出てくる。よく見つけたものだ。誰が見つけたとも書いてない。韻府の「肩」の項の「摘句」の所に「吟痩聳山肩」とある。これをヒントに齋藤先生御自身が見つけられたのだろうか。

鷗外の詩の「聳吟肩」を従来の解釈は皆「放歌高吟」としていた。放歌高吟は元気一杯の感じで、その前の「質孱」(質が弱い)とのつながりが悪いような気がする。齋藤氏は従来の解釈を否定する。

〈人によっては、この漢詩を吟じるというのを、志士風の漢詩を声高らかに吟誦するというふうに解釈してしまうことがあります。たとえば、「僕は依然として昔ふうの武骨スタイル、あいも変らぬ蛮カラで、肩を聳やかしつつ放歌高吟闊歩する」（小島憲之『ことばの重み』）とするのです。／「そびやかす」ということば自体がそうした連想を招きかねないのはたしかですが、〉

と朱子の詩の「未妨閑共聳吟肩」を引いて、

〈この句にも「閑かに」とあるのを見れば、「蛮カラ」というのとは方向性が違うように思われます。林太郎が「蛮カラ」であったかどうかもむろん問題にはなるのですが、それ以上に、やはりことばとしての「聳吟肩」が、意気軒昂なさまを言うのではないことに留意する必要があるのです。〉

このあと蘇軾の詩を紹介して、こう言う。

〈雪の中で驢馬に跨がった孟浩然が詩を吟じる姿として眉を寄せて肩を竦《すく》めるさまを言うのを見れば、「書生っぽさ」よりも、世から離れて詩作に耽るさま、その境遇をこそ「依然古態聳吟肩」から読むべきでしょう。〉

綿密丹念な考察に感心しました。放歌高吟よりはずっと説得力がある。「肩をそびやかす」と言うと威張る感じで、「肩をすくめる」と言うとちぢこまる感じだからまるで正反対ですね。

次の二句の「觀花」「題塔」は科挙合格つまり大学卒業、とする人が多い。「觀花」は上野や隅田川のお花見とする人もある。

題塔の下に「誰誇最少年」とある。「最少年」は卒業生中最年少。その上の「誰誇」を「誇らしい」とする人と、反対に「誇らしくない」とする人とある。半々くらいかな? 卒業生中最年少なんだから誇らしい、と取る人もあるし、最年少と言ったって成績は悪いんだからちっとも自慢にならない、と取る人もあるわけだ。

どなたもおっしゃらないがわたしは、要するにこの詩は不出来なんだろう、と思った。だから専門家の解釈がまちまちなのだ。個々の語句や部分の「正解」があるとすればそれは、鷗外はここをこういうつもりで書いた、というその「つもり」だろうが、それがわかるように書けてないから理解がまちまちになるのだろう。

へえ、こういうこともあるんだなあ、と非常におもしろく思ったのと、つまりは不出来なんだ、と身も蓋もないことを言う局外者も一人ぐらいいてもいいんじゃないかと思ったので御紹介いたしました。

明治の荻生徂徠

丸山眞男先生の「荻生徂徠の贈位問題」を読んだ。『近代日本の国家と思想』（'79三省堂）所収。これは二十人ほどのかたの文を集めたもので、丸山先生のはその中の一つである。江戸の学者荻生徂徠が明治以後どうあつかわれたかを書いたもの。贈位、とは政府（時の権力）が個人に位《くらい》を贈ることである。

わたしは子供のころから本が好きで、手当り次第に何でも読みちらした。従三位《じゅさんみ》とか正四位《しょうしい》とかいった言葉が時々出てくる。ルビつきだからこういうよみも自然におぼえるが、興味がないからそれが何のことかなんて考えもしないで通りすぎた。

子供のころだけでなくほぼそういう状態がずっとつづいていたようだ。丸山先生の文を読んで初めて気にとめた。

たまたまそのあと、富塚清『ある科学者の戦中日記』（昭51中公新書）という本を読んだ。富塚氏は航空工学の専門家で戦争中東大教授である。科学技術者でほんとのことを言うから当局ににらまれている。ある時憲兵隊にひっぱられた。それがなんと、乗用車で自宅まで迎えに来てくれた。「まあ、こちらも高等官一等の勅任官だから、そうそう粗末には扱えぬらしい。」とあった。

こういうのも従来ならツルツルと通りすぎる所だが、目がとまったのだ。戦争中の（あるいは昭和前半までの）東大教授というのは「高等官一等の勅任官」というものであったらしい。この名称からして、これよりまだ上があったようには見えない。多分日本国民の中の最上位なんだろう。位と言っても必ずしも「位」の字がつくわけでもなさそうだ。とにかくこの富塚さんの場合は現在官職にある者の位である（後記。校閲さんの御注意によると、勅任官のまだ上に親任官というものがあったとのこと）。

ところが丸山先生の文によれば、明治十年前後のころから、歴史上の人物にも位をやるようになった。丸山文にはまず明治九年の十二月に「新田義貞に正三位が贈られ、楠正行には従三位が贈られる」と書いてある。

新田義貞だの楠正行だのと言ったって今のかたは多分ごぞんじあるまいが、わたしは戦時中に育った子だから昔の人物評価はよく知っている。

今考えれば、明治になってから歴史上の人物に位を贈るようになったというのは、近代の天皇権力が史上の人物について、戦いの際に天皇方だったかどうか、その考えが天皇尊重だったかどうかで人間をランクづけし、その評価基準で日本の歴史を作った、ということである。わたしどもは本でも学校でもその歴史をたっぷり教えこまれて育ったわけだ。

そのころは、歴史上の人物の中のダントツは、何と言っても楠《くすのき》（楠木とも書いた）正《まさ》成《しげ》であった。後醍醐天皇の信頼あつい武将である。二番目が新田《にった》義貞《よしさだ》である。楠正行《まさつら》は正成の息子である。

正行は「桜井の別れ」によって子供たちによく知られていた。国語の（修身だったかな？）教科書にも唱歌の教科書にもあって、絵がついている。正行は十すぎくらいのりりしい少年で、床几にかけた父の前に両手をついている。歌は「青葉しげれる桜井の」と始まる。最もよく歌われた唱歌である。「青葉しげちゃん昨日は」という替歌もできていた。

桜井は今の大阪府と京都府の境あたりである。正行少年はここまで父を追って来たのである。歌に「父は兵庫に赴かん　かなたの浦にて討死《うちじに》せん」とあるように、このあと正成は湊川の合戦《かっせん》に行って討死する。勝った足利尊氏は史上マイナス一位の悪者であった。

であるから正行が明治九年に従三位だったら、それより前に正成がそれよりずっと上の位をもらってそうなものだが、丸山先生は何も書いていらっしゃらない。もちろんわたしも知りません。

ともかく桜井の別れは戦争中の学校の歴史のお話の、最大の売りであった。戦後になって、「ホントはこうだった」という本がドッと出てわたしも読んだが、桜井の別れの時正行はホントは三十くらいのおっさんだった、というのから、桜井の別れなんてホントはなかった、というのまでいろいろあったものです。

　丸山先生の文は主として江戸時代の学者について、誰がどういう位をもらったかを書いたものである。明治十四年に蒲生君平が正四位、翌年林子平と佐藤信淵《のぶひろ》が正五位、から始まってぞろぞろ出てくる。

　贈位は約七十年にわたって毎年のようにダラダラとつづけられ、時々ドッと大量に出されたとのことである。時々というのは皇室に何かめでたいことがあった時である。だからぞろぞろ大勢《おおぜい》になるわけだ。

　江戸の学者ではいわゆる「国学の四大人」荷田春満《かだのあずままろ》、賀茂真淵、本居宣長、平田篤胤が別格の高いあつかいで、それに山崎闇斎、頼山陽を加えた六人が従三位で特別なんだそうだ。なお、早いころにもらった人は時とともにだんだん位があがる。その理由を丸山文には書いてないが、何しろあとからあとからメダカみたいなのにまでぞろぞろ出すものだから、釣合上早いころにやった鯛や鰹の位をだんだんあげざるを得なくなったんじゃないかと思う。

　そのわりあい早い時期、明治二十六年に「日本医学会」が、前野良沢、杉田玄白、大槻磐水への贈位申請を議決した。皆江戸時代の西洋医学の先覚者として学校の日本史の授業に出てきた人たちですね。

このことを聞いて、福沢諭吉が新聞できびしく批判した。

——そんなものほしがるな。学者の価値は学問の世界でおのずからきまる。それで十分だ。朝廷の位は役人のランクづけだ。役人の位が高いにきまっている。学者が位をもらったら必ず役人の下になるのがわからぬのか。——

いやあ、あらためて福沢諭吉の見識に感服いたしました。しかしなさけないかな学者は(学界は)、やはり政府のお墨つきをいただきたがるのですね。

贈位の際政府は、誰それに何の位を贈る、と発表するだけで、何故こいつにやるのかとか、何故この位か、などの説明は一切ない。まして、なんでこいつにはやるがあいつにはやらないのか、なんて説明はない。もらうほうは、故人の子孫とか縁故者とか(前述の医者の例のように)が府県庁を通じて内閣に運動する。隣の県のやつはもらったのにわが県はもらってないからこの人を、などとやるわけだ。

そうやって贈位された江戸時代の学者の顔ぶれを見ると、国学者が特別あつかいであることを別とすれば、総花的であり、規準は「ノンポリ」だと丸山先生は言っている。つまりある程度名の知られた学者だったら誰にでもどんどんやった、ということである。

ところが荻生徂徠とその一門（太宰春台、服部南郭など多数）がもらっていない。荻生徂徠は江戸時代の学者の中でもとびぬけて有名な人である。その弟子たちも有名である。メダカどもの比ではない。

しかるに、毎年のように、時々はドッと、位をもらうのに、徂徠一門の名前が出てこない。多くの人がそのたびに、じゃこの次あたりか、と思っていたらしい。

それが大正四年（一九一五）の大正天皇即位大礼の際の大量贈位にも出てこなかったので、こりゃ一体どういうわけだ、と人々ががやがや言い出した。中でも活潑に、熱心に、しぶとく徂徠贈位を主張したのが犬養木堂（毅。のちに総理大臣になって殺された人）である。丸山先生もこれを詳しく紹介している。

木堂は明治時代からの著名な政治家である。大正四年の大量授与にも徂徠が入ってなかったので、大阪毎日新聞の記者が、木堂が泊っていた京都の宿屋へ行って談話を取り、贈位が無鉄砲だ、思いつきだ、規準がわからない、という記事をのせた。記者も変だと思ったが無名の一記者の意見では記事にならないから、有名な木堂先生の所へ行ってしゃべってもらって記事にしたわけだ。

ところがこれに対してすぐ同じ毎日新聞に東大国史科教授の三上参次が「徂徠は朝廷より幕府を持ちあげている」などと反論を出した。これで政府の贈位人物候補選びは三上ら東大国史科がやっているらしいこと、この連中が徂徠を嫌っていることがばれた。少くとも木堂はそう理解した。

木堂はその後も徂徠贈位の運動をつづける。木堂は政治家だから福沢諭吉とちがって、学者の価値は政府の勲章なんぞと関係ない、とは考えない。しかし、徂徠が位を受けても木堂に何かトクがあるわけでもないのに熱心に運動したのは、木堂の純情なところだ。

木堂が、これが一番嫌われる問題なんじゃないかと考えたのは、徂徠が自分のことを「夷人物茂卿」（イジン・ブツモケイ）また「東夷」と称したことである。

毎度申すように徂徠は中国崇拝である。学者の中国崇拝は珍しくないが徂徠はトップクラスである。中国とその周辺の野蛮地域を対比して「華夷」と言う。東側を夷と言うこともあり、代表して全体を夷と言うこともある。日本は東夷に入る。徂徠は物部《もののべ》の系統だと自称していたから、姓は中国式に物《ぶつ》である。これも木下が木《ぼく》と称したようによくある。茂《も》卿《けい》は字《あざな》である。

明治以後擡頭した国粋派から見たらこれはけしからんことであろう。自分が低級地域の者でございますとへりくだっただけではすまない。日本を、つまり天皇を「夷」とおとしめることになる。

徂徠とその一門は昭和初めの大量贈位にも入らなかった。木堂はその前に各方面の見解を打診し、右翼団体が反対していないことがわかったので今度は大丈夫と安心していたが、やはり外れたのである。

丸山先生の文は、徂徠についての木堂の論と運動を追跡し、一方なぜ政府が徂徠を外しつづけたのかを考えたものである。

先生の考えはこうだ。政府がはっきり徂徠は「反国体」の不逞の輩と断ずるほどの見解を持っていたわけではなかろうが、徂徠に贈位して「怪しからぬ」という火の手が上って「責任を追及されては厄介なことになる」、「まあ見合せた方が無事だという決定にその都度なったのではなかろうか。」それほど反国体という疑惑はこわいものだったのだ、と。

江戸時代の国学は一部のヘンテコリンな連中が、ここ（日本）が世界の中央で頂上だ、などとけったいなことを言うひとにぎりのグループだった。ところがヒョウタンからコマが出て大日本帝国になると、それが本気になった。「国体」（天皇が世界の頂上）である。そうなると徂徠の中国尊重、われは「東夷」などというのに、やかましいことを言う奴らが現われたのですね。

Ⅵ

『かながきろんご』

『かながきろんご』

なにげなく、池上禎造『文体の変遷—岩波講座日本文学史第十六巻一般項目』（昭34）という小冊子を見ていたら、目をむくような引用文があった。「室町時代のものと推定される『論語』の書き下しの例をあげよう」としてこうある。

かんねんしぬ。もんしんあつくはうむらまくほつす。しのゝたふまく、ふかなり。もんしんあつくほうむる。しのゝたふまく、くわいわれをみる事なをちゝのことくす。我みる事なをこのことくする事をゑす。われにはあらす、かのしさつしならん。（川瀬一馬翻刻『仮名書論語』）

いやもしかしたら、室町時代の日本語を発音通りに書いた本なんて珍しくないのかもしれないけど、小生は初めて見たもので、それはそれはびっくりしました。

引用につづいて池上先生がこう書いている。

〈これは先進篇の一節で、原文は／顔淵死。門人欲厚葬之。子曰、不可。門人厚葬之。

子曰、回也視予猶父也。予不得視猶子也。非我也、夫二三子也。／であるから、読者の対照にゆだねて説明は省く。かような書き下し、いわゆる延書《のべがき》本は中世に作られたらしく、元亨（十四世紀初）の奥書ある『法華経』などもある。〉

へえ、延書《のべがき》本と言うのですね。人の口から出る音声をその順にかな書きした本、ということなのでしょう。

かなだけよめる者（子供？）に論語を暗誦させるためのものなのだろうが、右のごとく暗誦したって意味はちっともわからないはずだ。お寺の小僧にお経をおぼえさせるのと同じようなことだったのでしょうね。

右の暗誦（当時の標準よみ）、まず顔淵《がんえん》を「かんねん」と言っている。「か」はこのばあいガだから「がんねん」ですね。因縁を「いんねん」と言うのと同じ、上のnが下の母音にかぶさってネになっているわけだ。

感心したのは「しさつし」（二三子）だ。三《さん》の下にsの音が来て促音化してサッになったのですね。

こりゃおもしろい本だ、是非ほしい、と調べてみたら東京の古書店にあることがわかったので、すぐ頼んで買った。案にたがわず非常におもしろかった。

大きな帙《ちつ》入り袋綴じ本である。昭和十年に東京麹町平河町安田文庫から、安田文庫叢刊

第一篇として川瀬一馬名義で出ている。非売品。小生の所へ来たのは「限定二百部之内第九十四號」と刻して（一部書いて）ある。

川瀬先生の「開題」によれば、室町中期の書写と認められる、大槻文彦博士旧蔵で安田文庫に入った、とのこと。つづいて「室町時代の人々に拠つて論語が如何様に発音されてゐたかといふ事をも悉知し得る唯一の資料として実に貴重なるものである。」「室町時代の国語研究の資料としても異常なる価値を有するものである。」とある。なお川瀬先生は書誌学者、一九〇六年生れ、戦後は青山学院の教授などをなさったとのこと。

全部残っているわけではない。頭も尻尾もなく、中間もとびとびである。後半（先進以下）が比較的よく残っている。「かながきろんご」は川瀬先生がつけた題。

本文は写真が八面ついているが、手なれた達筆である。やや音読を多くまじえているから五山僧あたりの手か、と川瀬氏の推測。全体は川瀬氏が活字におこして句読点（句点は一字どり）を附している。

各ページ上部該当個所に論語集解《しっかい》本正平《しょうへい》板（十四世紀）による各条をかかげ、川瀬氏が句読点・返点をつけている。

以下は例を引きながら申しましょう。川瀬氏の上部原文は下につける。

〈ようやてい六〉

雍也第六ですね。公冶長第五までは全く失われ、雍也もおしまいの数条があるのみ。「第」の漢音はテイ。ただしこの本がすべて漢音よみというわけではない。

〈しのゝたふまく、くんしはひろくぶんをまなんで、やくするにれいをもつてす、又もつてそむかざるべし。〉子曰、君子博學二於文一、約之以レ禮、亦可二以弗一レ畔矣夫。

ごらんのように濁点を使ってます。今と同じ右肩チョンチョン。ひらかな濁点が一四〇〇年前後（多分）のころにもうあったのですね。ただし丹念につけているのは初めのうちだけで、だんだん減り、後半はゼロです。半濁点はない。

「言った」は「のたふまく」か「いわく・いはく」。動詞の下の「之」は一切よんでない。その他助辞はたいていよんでない。お経みたいなものだから助辞まで暗誦に含めることはしなかったのだろう。以下（ ）内は篇名です。

〈あひこうゆうちやくにとつていわく、としうへてよふたらす、いかむ。〉哀公問二於有若一曰、年飢用不レ足、如之何。（顔淵）

単語二字め以下のハ行《ぎょう》字はワア行音です。「あひこう」はアイコウ、「うへて」はウエテ、「よふ」はヨウ。

音便が多い。特に促音便（つまる音）が多い。今の日本語では促音便は「言って」「買って」「取って」「持って」などごくふつうだが、室町半ばに、もう漢文訓読に大量に出てくるほど一般的になっていたのですね。「問ひて」の「とつて」は右のほか非常に多い。今はない。いつ今のウ音便「問うて」に変ったのでしょうね。

「富みて」も「とつて」です。その他今は言わない促音便をいくつかかかげます。

〈まづしうしてうらみなきことはかたく、とつておごることなきことはやすし。〉貧而無レ怨難、富而無レ驕易。（憲問）

富而は「とつて」ですね。なお憲問は漢音で「けんぶん」。

〈てんなむちはいかむ。しつとこする事まれなり。かうじとしてしつとをいて、たつてこたへていわく、三しやのそなへにことなり。〉點爾何如。鼓レ瑟希。鏗爾舍レ瑟、而作對曰、異二乎三子者之撰一。（先進）

「瑟《しつ》を」が促音化してシットになる。右二へん出てきます。なお三子者《さんししゃ》を一口で言うとサンシャになるわけだ。

〈しよにいはく、かうそうまことにもたして三ねん物いわずといつは、なんといふ事そ。〉書云、高宗諒陰三年不レ言、何謂也。（憲問）

「いふは」が促音化してイッパになっている。「云」を二度よみしています。

〈われむかしひめもすにしよくせす、よもすからいねすしてもつておもつしかとも、ゑきなかりき。〉吾嘗終日不レ食、終夜不レ寝、以思、無レ益。（衛靈公）

「おもひしかとも」がオモッシカドモになっています。
つぎ。条件・假定《かてい》（……ならば）は、原文にそれに当る語がなくても、「ときんは（ば）」と言う。非常に多い。
〈われ三じんおこなつつるときんは、かならずわがしをう。〉我三人行、必得二我師一焉。（述而）
「おこなつつる」は「おこなひつる」の促音便。「我三人行」は条件・假定（……すれば）だからトキンバをつけてよむ。
条件をもういくつかあげておきましょう。
〈こうにまつるときんばしゝよべにせず。〉祭二於公一不レ宿レ肉。（郷黨）
肉はよく出てくるがすべてシシです。
〈そのみたゝしきときんは、れいせされともをこなわる。〉其身正、不レ令而行。（子路）
右の「をこなわる」は「おこなはる」、「を」と「お」は同音です。同様に、「い」と「ゐ」、「え」と「ゑ」も同音です。ではあるが、異音異語であった意識は残っているから、使い分けようとして得ず、混乱している。いくつか例をあげましょう。
〈しのゝたふまく、ほうこへうかしてしぬともくゐなからんものには、われはくみせじ。〉子曰、暴虎憑河死而無レ悔者、吾不レ與也。（述而）

「くゆ」つまりヤ行であるから「くい」なのであるが、この語はむずかしく、つい最近まで「くひ」「くゐ」など混乱が多かった。

〈ふぎにしてとみ又たつときは、われにおゐてうかめる雲のごとし。〉不義而富且貴、於レ我如二浮雲一。(述而)

「おきて」の音便だから「おいて」。「たつとき」は「たふとき」の促音便。浮雲は「うかめる雲」と言ったのですね。マ行がバ行になっている所は多いが(狭いをセバイなど。関西は今もそうです)その逆は珍しい。

〈くわんしや五りくじん、とうしりく七しんをゐて、きによくし、ぶうにふうして、ゐいしてかへらん。〉得二冠者五六人、童子六七人一、浴二乎沂一、風二乎舞雩一、詠而歸。(先進)

「う」(得)の連用だから「えて」。「えいず」(詠)だから「えい」が正しい。「六七人」はリクシツジンでしょうね。

〈しのゝたふまく、人としてとをききをもんはかりなきときは、かならすちかきうれへあり。〉子曰、人而無二遠慮一、必有二近憂一。(衞靈公)

「とをき」(遠)は「とほき」のまちがい。「をもんはかり」は「おもんばかり」。これは「おもひはかり」の音便です。

単語の二字め以下の「む」はたいてい「ん」と同音である。ンの音を表わす字がなかった時の習性が「ん」の字ができてからも残ったのだろう。
〈しはきふくんしをとふ。しのゝたふまく、くむしはうれへすおそりす。〉司馬牛問二君子一。子曰、君子不レ憂不レ懼。(顔淵)
君子をごく近い所で「くんし」「くむし」と書いている。
〈しろかいはく、みむしんあり、しやしよくあり、なんそかならすしもしよをよんて、しかうしてのちにまなふることをせん。〉子路曰、有二民人一焉、有二社稷一焉、何必讀レ書、然後爲レ學。(先進)
「みむしん」は「民人」。
百は漢音ハクである。そうすると、当時少くとも漢文訓読の日本語には、ヒャ・ビャ・ピャの音はなかったのだろうと思う。
〈こたへていわく、はくせゐたんなは、君たれとともにかたらさらん。〉對曰、百姓足、君孰與不レ足。(顔淵)
「たんなは」は「たりなば」の音便である。
〈しのゝたふまく、しさんはくをせうす。〉子曰、誦二詩三百一。(子路)
〈きみこうじぬるときに、はつくわんをのれにすぶ、もつててうさいにきくこと三ねん。〉君薨、百官總レ己、以聽二於冢宰一三年。(憲問)

「はつくわん」は「はくくわん」の促音便。
以上のごとく、興趣のつきないものでありました。

「漢語」「外国」「外国語」

夏、山の家へ連合出版の八尾正博さんが遊びに来て、「読み終ったから」と魚住和晃『「書」と漢字』(講談社学術文庫)を置いて行った。

わたしは書(書法)には興味がない。その手の本かとあまり気が進まなかったが、まあせっかく置いて行ってくれたんだからと読んでみたら、これがおもしろかった。日本の平安ごろまで、中国の唐までの文字史料について書いたものである。

その最初に「法華義疏《ほっけぎしょ》」のことを書いてある。

「法華義疏《ほっけぎしょ》とは聖徳太子が著したという法華、維摩《ゆいま》、勝鬘《しょうまん》三経の精細なる注釈の一つで、日本に現存する最古の肉筆として知られ、かつ聖徳太子の自筆本として、とくに大きな意義が唱えられてきたものである。(…)現在は御物《ぎょぶつ》として宮内庁の管理のもとにある」のだそうです。

へえ、最古の肉筆なんですか。でも「聖徳太子の自筆本」だなんて、何だかアヤシゲな話だなあ。

　著者の魚住さんは、その現物を二時間半にわたってとっくりと調査したことがあるとのこと。なかなか大部なもので、巻物四本、全部ひろげて並べると全長約五十七メートルというからすごい。子供のかけっこの距離ほどある。一メートルにつき六十一行、毎行ほぼ二十五字だから、全部で八万七千五百字ほど字が並んでいる。

　字は、魚住さんによれば、北魏末西暦五三二年に書かれたものである「律蔵初分巻第十四」に最もよく似ているとのこと。写真が出ているが、なるほどよく似ています。

　魚住さんはこの法華義疏について種々考察して、結論として、「おそらくは、法華義疏は遣隋使によって、大陸から請来《しょうらい》されたものなのであろう。あるいは、それより早く朝鮮系渡来人の手を通じて、日本に持ち込まれたものであるかもしれない」としていらっしゃる。つまり、聖徳太子自筆でないのはもとより、日本人が書いたものでもなかろう、ということですね。穏当な結論でしょう。

　ではこの、わが国現存最古の肉筆たる法華義疏はどういうものか、まずその実物写真（もちろん一部分）をお目にかけましょう。

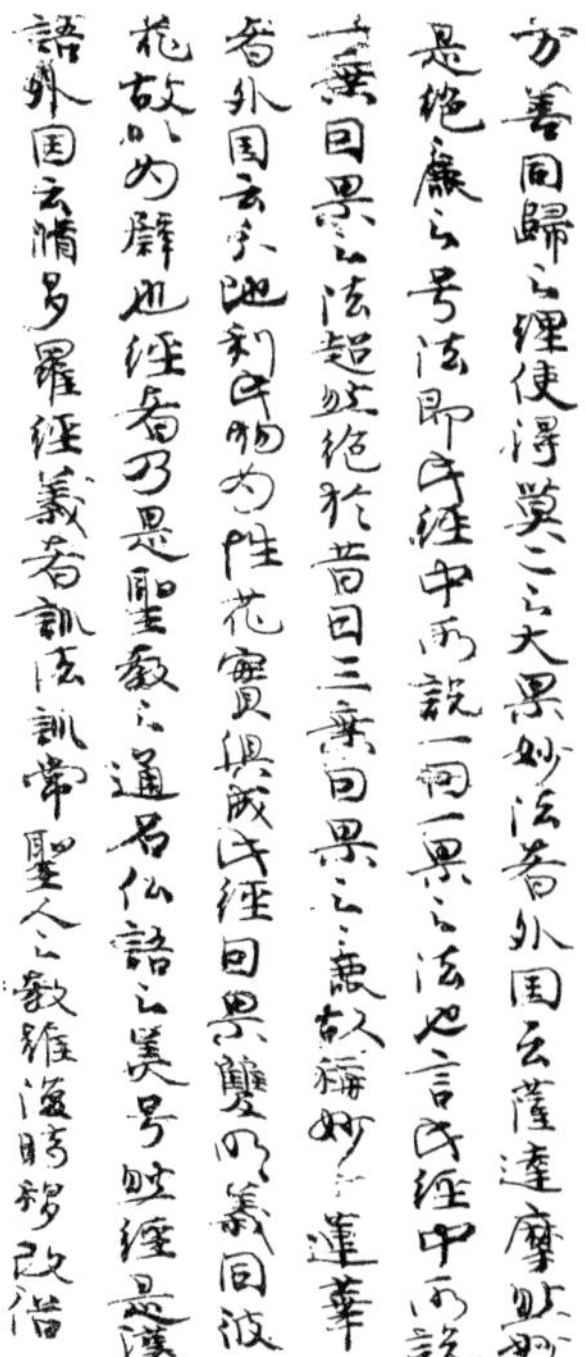
方善同歸之理使得莫之之大果妙法者外国云薩達摩此翻
是絶麤之号法即此経中所説一因一果之法也言此経中所説
一乗因果之法超然絶於昔日三乗因果之麤故称妙也蓮華
者外国云分陀利此物為性花実倶成此経因果双明義同彼
花故以為譬也経者乃是聖教之通名仏語之美号然経是漢
語外国云脩多羅経義者訓法訓常聖人之教雖復時移改倍

書きなれた達者な字ですね。略字もけっこうある。「仏」なんか日本の戦後略字と同じです。

この部分、一行め中ほど「妙法者」から六行め「脩多羅」まで魚住さんが翻字句読して文中に引いている。それをそのまま左に記します。

妙法者、外国云薩達摩。然妙是絶麤之号、法即此経中所説一因一果之法也。言此経中所説一乗因果之法、超然絶於昔日三乗因果之麤。故称妙。蓮華者、外国云分陀利。此物為性華実倶成。此経因果双明、義同彼花。故以為譬也。経者、乃是聖教之通名、仏語之美号。然経是漢語、外国云修多羅。

ただし「乃是聖教之通名」は魚住さんの翻字では「乃是聖教乃通名」になっている。小生不審に思って、講談社気付魚住さんに問合せたら「誤植でした」と返事があった。ゆえにそこのみ正しておきました。その際魚住さんが、この前後二十行ほどの原物コピーを送ってくださった。それで今みなさんに、法華義疏のこんなにくっきりした写真をお目にかけることができるわけです。

サンスクリット部分は魚住さんがあとに「薩達摩《さつだるま》（サッダルマ）」「分陀利《ふんだり》（プンダリーカ）」「修多羅《しゅたら》（スートラ）」と注してくれています。

「外国」と「漢語」、とりわけ「漢語」が珍しい。今の中国人も、まず現代語と思っているのではなかろうか。

魚住さんは言う。「もし法華義疏を聖徳太子の著とするならば、中国語を日本語と区別するために漢語といい、さらに印度語をそれと区別するために外国語といったことになる。」そんなことはあり得ない。「当時の日本に対する中国はあくまでも隋であって、中国をその総称である漢とする認識は育っていない。」「当時の日本人が中国と印度との言語の相違を知るはずもなかった。」

その通りである。つけ加えると、昔の朝鮮人や日本人が中国を「外国」と考えることも、中国人が朝鮮や日本を「外国」と考えることもあり得ない。それは現代の観念である。世界は中国を中心・頂上とする同心円状の富士山のようなものであって（だから「中国」だ）、朝鮮や日本は「夷」（未開地域）の一部分にすぎない。

昔の中国の文献に「外国」という語が出てくることはほとんどないが、稀にあってもそれは「中国の外」ということでシルクロード方面を言う。わずかに文化において中国と対等な地域があるとすれば、それは仏教者にとってのインドであったことがこの法華義疏の用法でわかる。

「漢語」について魚住さんは、北周の庾信《ゆしん》の詩「奉和法筵応詔詩」の「仏影胡人記、経文漢語翻」を示している。これは諸橋大漢和から引いたものである。では諸橋はどこから取ったか。それが小生わからないのだが、これは大手柄だ。

『佩文韻府《はいぶんいんぷ》』（十八世紀。歴代最大の辞典）はまず後漢書荀爽伝《ごかんじょじゅんそう》の荀爽の著書『漢語』をあげている。これは「漢時の故事」の意だから意味がちがう。韻府は無論承知で、「漢語」という字の並びの最古のものを拾ったのである。次に白居易の新楽府《がふ》「縛戎人」をあげている。これは中国語の意。諸橋も韻府から取って庾信の次にあげている。しかし庾信は白居易より三百年も前の人だから、諸橋のお手柄なのである。

二十世紀中国最大最良の辞典『漢語大詞典』もまず庾信詩をあげている。わが辞典のタイトルでもある大事な語について日本人の辞書のまねをするのはシャクだが、それより早い例を見つけられなかったのである。そのあとに白居易「縛戎人」をあげたらいよいよ日本人の尻をなめているみたいだから、同時代の元稹《げんじん》の同題「縛戎人」詩をあげてある。

さてその庾信の詩。これは、六世紀後半のある年、北周の都長安で天子の催す宴会において作ったもの。長いから前半のみをかかげます。ごらんのように首都の繁栄のさまをうたったものである。

五城隣北極　百雉壯西昆　鉤陳横複道　閶闔抵靈軒　千柱蓮花塔　由旬紫紺園　佛影胡人記　經文漢語翻　星窺朱鳥牖　雲宿鳳凰門……

北朝は匈奴・鮮卑など異種族人（胡人）が多い。北周の天子も宇文姓が示すようにもとは胡人である（庾信は漢人）。仏教はインドから中国へ直接にも入っているが、またチベットのほうを回って西北諸種族にも浸透している。「仏影」は仏像。長安には胡人が作った大きな仏像があって、胡人の文字（らしきもの）が刻してあったようだ。対して中国人僧侶たちがよむ仏経典はりっぱに中国語に翻訳されたものである、ということ。庾信が、胡語や印度語に対するものとして中国語をとらえ、それを「漢語」と呼んでいることは明らかである。

白居易「縛戎人」は、吐蕃として流刑になる一中国庶民の嘆きをその者の語りの形でうたったもの。——自分は吐蕃に捕えられて長期抑留され、やっと脱走し逃げのびて漢

（唐）の軍の行列の前にとび出して「お助け下さい」と平伏したが、兵士は自分が中国語を解するのに聞き入れてくれず（游騎不聴能漢語）、吐蕃として捕えられ流刑になった、と。おしまいにもう一度「漢心漢語吐蕃身」（中国人の心、中国のことばだのに吐蕃の身）と嘆きをくりかえしている。唐の詩人は唐を唐と言わず漢と言うので、唐軍を「漢軍」、唐の心を「漢心」と言うように、唐の言語を「漢語」と言っているのである。

庾信、白居易らの詩に「漢語」とあるとて、「漢語」という用語・観念が成立したわけではない。人が自分たちの話していることばを、人類の相互に異るが対等の言語の一つ、と考えるのはきわめて高度の認識であって、容易に生ずるものではない。ふつう中国人にとって異人種の口から出る音声は鳥のさえずりと同種のものであって、「ことば」とは認識されない。『ハックルベリー・フィン』の黒人ジムが、フランス人の口から出る音声もまた「ことば」なのである、ということがどうにも理解できないのと同じである。日本人は昔から日本語をしゃべっているが、それが日本語という人類言語の一種であることを認識したのはごく新しいことだ。

魚住著によれば法華義疏には「耆闍崛、是外国語。此飜霊鷲山」と「外国語」という語も出てくるそうだ。

この語、佩文韻府が引くのは宋史余靖伝で、「靖三使契丹、亦習外國語、嘗爲番語詩」

とある。この人は今で言う外交官のような役人である。契丹《きったん》など西北異種族の言語につうじ、蕃語の詩まで作ったという。しかしこれは十四世紀の用例である。漢語大詞典はさらにくだって十七世紀の用例。

それが法華義疏にあれば六世紀ごろだからぐんと早い。しかも漠然と「異民族のことば」ではなく、はっきりと印度語（サンスクリット）という中国語と対等な一文明言語を指しているのだから、今日の「外国語」と同じである。物が日本にあるから中国の学者の目に触れなかったのだ。中国の研究者は全文の写真を入手して精査研究しなければなるまい。

唐の手書き本

さきごろ、友人影山輝國が勉誠出版刊『旧鈔本の世界・漢籍受容のタイムカプセル』を送ってくれた。

鈔本《しょうほん》（抄本とも書く）とは手書き本である。旧鈔本は、日本にある、中国（おおむね唐）由来の手書き本である。

鈔本（手書き本）は、刊本・刻本（印刷本）に対しての呼称だが、唐代には、いわゆる漢籍の印刷本はまだない。

日本にある中国の本は、内典《ないてん》（仏教関係）と外典《げてん》（それ以外）とにわけられる。この前御紹介した法華義疏は内典です。「漢籍」と言うとふつう外典を指す。

中国には唐鈔本は残っていない。無論唐代には、書物はすべて鈔本なんだから大量にあったのだが、その後刊本ができるにしたがって急速に失われたらしい。日本にはそれがのこっているわけだ。

で、この『旧鈔本の世界』は、日本にある唐鈔本もしくはそれが日本で忠実に書き写された本について、影山を含め十数人の研究者がそれぞれのテーマをもうけて書いたものである。多く図版（写真）がついているのがいい。

今回はそのうちの一つ、岡山大学土屋聡さんの「唐鈔本『世説新書』について」を御紹介しましょう。

『世説新書《せせつしんしょ》』は今の『世説新語《せせつしんご》』である。これはいくらも翻訳が出ているから、題は皆さんも見たおぼえがおありでしょう。後漢魏晋《ごかんぎしん》のころの著名人の逸話集である。何百人もの人のエピソードを集めた大部のものだ。著者は南朝宋の劉義慶《りゅうぎけい》（五世紀の人）。最初の題は『世説』。世間で語られている話、というほどの意。唐代に『世説新書』と改題した本があらわれ、宋代に『世説新語』と改題した刊本があらわれて、これが今日につたわり通行している。

内容は最初のままではなくそのつど増減がある。だから下に「新書」とか「新語」とかくっつけて「これまでのとはちがいますよ」と言っているわけだ。

唐鈔本世説新書は残巻で、全体の十分の一ほどがのこっているとのこと。今は京都国立博物館など四か所に分散している。江戸末期までは京都の東寺にあった。

これが、唐の人が書いたものそのものであるか、日本の人が忠実に書き写したものであるかについては、説があるらしい。

なお、本を忠実に書き写すというと小生みたいなシロウトは、薄紙に字の輪郭を取って中を埋めるのかな、と思うが、前回御紹介した魚住和晃『「書」と漢字』によると、それではダメなんですね。「ふつう、書跡の上に薄紙を敷いてそれを写す場合、誰でもまず字の輪郭をふちどり、さらにその輪郭の中を墨でうめこむ手順をとることであろう。それを双鉤塡墨《そうこうてんぼく》というが、これでは形はよく模されるであろうが、線が平坦で重く、線のもつ動きを表現することはできない」とある。

それじゃどうするか。搨《とう》する。「搨とは搨模《とうも》、あるいは響搨《きょうとう》ともいって、今日ではまったく不可能となった高度な透かし写しの技法である。」これでやると「微妙なかすれや線の陰影までが、筆の動きそのままに、いわば点の集合としてみごとに写しとられ」るのだそうです。

さて、上の写真を見てください。題の部分です。「世」の字がある。世説という本なのだからあってあたりまえのようだが、これが問題なのだ。避諱《ひき》（諱《いみな》を避ける）の問題である。
よく知られるように唐太宗の諱（名）は「世民」である。だから唐人は「世」「民」の

字を使わない。ふつう世は「代」、民は「人」とする。唐代の詩や文はそうなっている（後の世に刊本を作る際に意を以て「世」「民」に改めたばあいもあるが）。有名な張若虚「春江花月夜」の「人生代代無窮已、江月年年祇相似」は、意は「世世」だが「代代」の形のまま今日につたえられている。「民心」を言いかえた「人心」は今でも民心の意で用いられている（中国でも日本でも）。黄昏の昏はもと「昬」だが唐代に昏になったという（藤堂・加納説）。ほかに缺筆《けつぴつ》（闕画《けつかく》）などの方法もあるが、唐では他字にかえることが多い。

もちろん太宗だけを避けるのではない。陶淵明は陶泉明とするか名を以て陶潜とした（高祖の諱が淵）。この世説新書でも「治」の所は「理」としてあるとのこと（高宗の諱が治）。ここでは太宗の名の字が問題、ということです。

ここに「世」の字を書いてあるからこれは日本で書き写されたものだ、という人があるのだそうです。

しかしそれも変だ。かりに日本の人が書き写したとしても、それは搨の技法か何かで原本を忠実に写したに相違ないから、避諱してあればその姿のままに写したろう。ここは世の字が本当だからちょいと書き直しといてやれ、なんてズボラなことをするとは思えない。現に理は理のままに写している。ここはもともと「世」なのだと思われる。そして日本人書写説の根拠は「世」だけらしいから、これは唐鈔本そのものと考えていいんじゃなかろうか。

では何故ここに「世」の字があるのか。わたしは避諱学にはうといので影山にきいてみた。影山は漢代避諱の専論がある。

その教示によれば、武徳九年（六二六）六月、「依禮、二名不偏諱。（…）其官號人名及公私文籍、有世民兩字不連續者、竝不須諱」という令が出ている（諱は動詞いむ。偏諱《へんき》は一つ一つ個別に諱《い》む）。「二名不偏諱」は礼記曲礼《らいききょくらい》の語。「二名」は二字名。世民は「二名」である。太宗は八月に即位する。世・民はよく使う字だから、前もって、「世民」と連続しない限り、官号・人名・公私文籍では避けなくていいよ、とお達しを出したのである。

実際には、唐代を通じて、危いことには近づかぬが安全と「世」「民」の個別使用も避けられたのだが、このばあいは文籍の題だということもあって「偏諱」しなかったのだろう（「淵」「治」は無論「二名」ではない）。影山も世説新書は唐鈔本だろうとの見解である。

土屋さんは例の「絶妙好辞」の話を紹介している。世説新語で多分最もよく知られる

「文字のナゾナゾ」である。

——曹操と部下の楊修が、孝女曹娥の石碑の所を通りかかった。碑の背面に「黄絹幼婦外孫韲臼」と彫ってあった。曹操が問うた。「わかるか？」。楊修「はい」。曹操「言うなよ。考えるから」。三十里行ったところで曹操は「わかった」と楊修に答を書かせ、自分も書いてつきあわせた。同じであった。「絶妙好辞」。黄絹は色ある糸だから絶。幼婦は少《としわか》い女だから妙。外孫は女の子《むすめ》だから好。韲臼は辛を受けるから辭。曹操は「わしはお前に三十里かなわんなあ」と言った、というお話。

四つめの韲は辛子《からし》入りの野菜、臼はそれを入れる容器である。——なお念のため。これは今の日本の「女のマタの力」（努）みたいな頓智話なんだから、「そうかあ、絶は本来色糸のことだったのか」などとまじめにお受け取りなきように。

土屋さんは最初この話を読んだ時、四つめがわからなかったそうだ。「舌が辛い」ならわかるが、などと考えたとのこと。まじめなかたなんですね。

ふつうはせいぜい、まあ「辭」はめんどうだから略して「辤」と書いたんかなあ、くらいで深くも考えず通りすぎるんじゃないかと思う。はい小生はいつ読んだかも何で読んだかもなんにもおぼえてません。

土屋さんは「辤」に作る本がありそうなものだと探したが、ない。世説新語の現存最良の本は日本前田家尊経閣（東京駒場）蔵の南宋紹興八年（一一三八）刊本で、中国の排印本（たとえば余嘉錫の箋疏本）もこれを底本とするが、「辭」である。他の本も同じ。なお前田家は無論加賀百万石の殿様。

ところが唐鈔本世説新書はまさしく「辤」であることを発見して報告してくださったのがこの土屋氏の論考である。

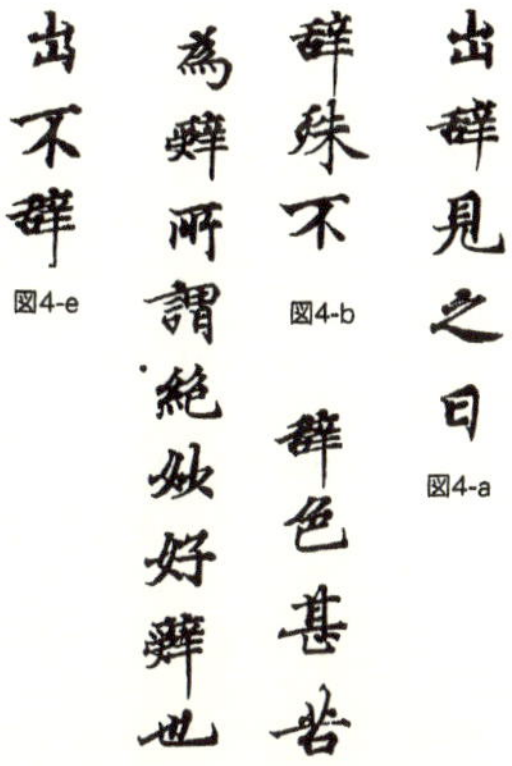
図4-a　図4-b　図4-c　図4-d　図4-e

図版は『旧鈔本の世界』より

上の写真をごらんください。図4―dが「絶妙好辞」の所。二字あるがどちらも「辤」である。

他はほかに同字が出てくる所である。いずれも、今の日本・中国の略字に似た字（横棒が一本多い）を書いてある。絶妙好辞の話の所だけナゾナゾに合うように書いてあることがわかる。もとの世説も多分そうだったのでしょうね。

『説文解字《せつもんかいじ》』（一世紀）には、「辤」は「不受也」つまり辞退の辞、「辭」は「説也」（段玉裁説）つまりことばの辞としてある。しかし実際に使いわけがあったとは思えない。漢魏六朝の碑刻文字でも使いわけはない。『廣韻《こういん》』『集韻』も一応別にあげてあるが、同じこととしてある。左を「舌」にする略字は唐以前からある。

前回申したように小生従来書には関心がないのだが、この世説新書の字にはいたく感心しました。くり返し見てあきることがない。一字一字が均整がとれていて、力強く、しかも艶麗だ。

欧陽通「道因法師碑」（『「書」と漢字』より）

図4-cの四つめの字は苦です（ちょっと若みたいに見えるかもしれないけれど）。

この世説新書の字、魚住著にある図版のなかでは欧陽通（七世紀）の字に最も近いように思ったので右にかかげます。さいわい苦（一行め）も若（五行め）もある。クサカンムリの書きよう、次の横画が長めで、しっかり打ちおろしてしっかりとめてあるのも同じですね。殊や路の払いもそっくりだ。何より一字一字および並びの安定感が似ている。いかがでしょうか。

六世紀の略字

前々回は多分六世紀の『法華義疏《ほっけぎしょ》』を、前回は多分七世紀の『世説新書《せせつしんしょ》』を、お目にかけました。どちらにも略字があった。今回はその略字・異体字について申しあげましょう。

法華義疏の図版部分（239ページ）には「花」の字が二つあった。「此物爲性花實俱成」と、すぐあとの「義同彼花」です。魚住和晃さんは、前のほうは「華実俱成」と、あとのほうは「義同彼花」と翻字していた。そうするのが今の読者にわかりやすく親切だ、と判断なさったのでしょうね。

「華」と「花」は同字です。それは今の日本人でも、どちらも音はクヮ、意味は「はな」なんだから見当がつきますね。華が本字（正字）、花が略字（異体字。クサカンムリに声符化《クワ》をつけたもの）という関係です。「華」はややこしくて書くのに手間がかかるから、簡単な略字「花」をこしらえて間にあわせたのですね。

古くから学者は、漢以前のあまたの文献のどこにも「花」がないことに気づいていた。すべて「華」である。清《しん》初の顧《こ》炎武《えんぶ》は、後魏《こうぎ》（北魏。A.D.三八六以後）の文人李諧《りかい》の作品に「發花」（花が咲く）とあるのが最も早いとした。清後期の王引之《おういんし》は、「花」の字は魏の時代（三世紀）にはもうある、後魏に始まるのではない、と顧炎武を批判している。顧炎武も王引之もドエライ学者である。

現代の学者毛遠明は、「花」の字の最も早い原物資料として、北魏神瑞《しんずい》元年（四一四）作の碑「淨悟浮圖記」に「花」の字があるのを写真で示している（『漢魏六朝碑刻異體字研究』）。これはそう彫ってある石碑が出土したのだから確実です。ただしもちろん、これが「花」の字が使われた最初だと言えるわけではない。四一四年には確かにもうあった、ということである。その後は墓誌（墓から出土する石刻文書）に折々見られると言う。

「花」の字一つにも学者はそうやって研究を重ねているわけです。

「華」と「花」はその後だんだん棲《す》み分《わ》けができてきた。華は抽象的な「すぐれたもの」の意、今の日本語で言えば「サッカー部はわが校運動部の華《はな》です」のような用いかた。花は具体的な目に見える花、「梅の花」「桜の花」のような用いかたである。今は中国でも日本でも、「華」と「花」は別の字と意識されている（中国には「華」の字はなく「化の下に十」であるが）。

多分六世紀の書写である法華義疏は、「花」の字ができて間もない、「華」と区別がないころの実物である。

蓮華《れんげ》は池に咲くハスの花だが、南無妙法蓮華経と言うように仏教では象徴的な意味を持っているから、魚住さんは、「此物爲性花實倶成」の「花」は象徴的な蓮華の華ととらえて「華」と翻字し、あとの「義同彼花」の「花」は具体的な蓮華の花ととらえて「花」と翻字なさったのでしょう。皆さんの中にも、なんで片っぽうは「華」になって片っぽうは「花」のままなんだろう、といぶかしく思ったかたがおありだろうが、たしかに判断のむずかしい所でした。

同じく法華義疏に「仏語之美号」とある。「仏」は「佛」の略字である。ムは意味のない符号だから「仏」は中国人にはわからない。「払」や「広」と同様日本人がこしらえたナンセンスな字だと思う。

しかし実は、「仏」は昔の中国人が作った字なのだ。

二十世紀の初め、甘粛省《かんしゆくしよう》敦煌《とんこう》の石窟寺院で、イギリス人スタイン、つづいてフランス人ペリオが、おびただしい古写本を見つけて持ち帰った。石窟の数四百八十、文書数万点というからすごい。五世紀ごろから数百年にわたって集積されたもので、仏教関係が多い。

いいものはたいていロンドンやパリへ持って行かれたが、おくればせに日本人も駆けつけて持ち帰っている。中国人にとっては、中国が弱かった時代の屈辱の記憶である。しかしこれが二十世紀シノロジーの最大の発見であることはまちがいない。以後「敦煌学」という学問の一分野ができた。

この敦煌文書に「仏」の字は何百も出てくる。つまり、日本人が「仏」の字をこしらえたのではなく、奈良時代前後のころ中国から入ってきた仏教文書にあったから真似したのである。その何よりの証拠が法華義疏だ。ちゃんと「仏」の字が書かれている。

ただしもちろん日本人は、「仏」が正字だと思ったわけではない。「佛」が正字で「仏」は略字だとちゃんと承知していた。ただ一般に「仏」を書くこともよくあったから、二十世紀半ばに日本政府がホトケは「仏」と決め、「佛」を追放したのである。なお日本語ホトケのホトは佛《ぶつ》の日本なまり、接尾辞ケについては諸説ある。

中国では唐代までは「仏」が用いられていたようである。八世紀初めごろにできた開元寺という寺の門楼に「敬造阿彌陀仏」と彫ってあり、千年ほどのち清《しん》の学者がここを調査して、「仏は佛の古い字である」と報告しているそうだ。まあここは上が「阿彌陀」なんだから学者でなくても見当がつきそうに思うが、千年の間に誰も見たことのない字になっていたことは確かである。

それでは昔の中国の仏教信者はなぜ「佛」を「仏」と書いたのか。「佛」の字はめんどくさいから、と言ってしまっては身もフタもない。それでは何ゆえ「仏」なのかの説明にはならない。

以下は現代の学者張涌泉の『漢語俗字研究』によって申しあげます。

二千数百年もの昔から「ム」の字があった。いや字というより△マークと言ったほうがいいかもしれない。「わからない」「だれかさん」の符号である。人だけでなく、時でも場所でも何でも指す。つまり後の「某」に相当する符号である。わからない時、あるいはわかっているがハッキリ言うのをはばかる時、ハッキリ言いたくない時などに△と書く。今の日本語でも「某月某日」「都内某所で」「某女と」などと書くことがありますね。あれです。それを「△日」「△で」「△と」などと書いたわけだ。

いま日本人は文章の中で自分を指す語を漢字で書く際「私」と書くことが多い。この字も古くはム（△）であった。ノギヘンはあとでついたのだ。

もっとも中国人は自分のことをぼかしてへりくだって言う際「私」の字は使わない。「某」を使う。日本語の「それがし」に近いね。「それがし」もともとは「だれであったか」の意だが、へりくだった自称に用いられるようになった。

昔の中国の仏教徒が「佛」「佛陀」を「ム」「仏」と書いたのも、「佛」「佛陀」と直称することをはばかって、「あのかた」の意味で「ム」「仏」と書いた、避諱《ひき》心理のあらわれである、というのが張涌泉の考えです。

避諱《ひき》のことは前回申しました。上位の人、尊い人の名を指して言うのを避ける習慣、制度である。この前は唐の太宗李世民のことを書いたが、これも唐代には「李乙△」などと書いている。「李ムニャムニャ」ですね。こういうのを文化人類学の用語では「実名敬避俗」と言う。

名と呼称とはちがいますよ。皇帝なら「皇帝」「陛下」が呼称だ。呼称はもちろん言っても書いても問題ない。そのための呼称なんだから——。なお「太宗」は歿後の呼称。「佛」「佛陀」はお釈迦さまの名ではない。呼称である。しかし昔の中国人は、名だと思っていたようだ。

『後漢書』の「西域伝」に「世伝」（世に伝える）と前おきしてこういう話が書いてある。——明帝（一世紀中ごろの皇帝）がこんな夢を見た。黄金の人で長大、頂に光明がある。群臣に、おれの夢に現われたのは何者であるか、と問うた。一人が答えた。「西方に神がいる。名は佛《ぶつ》。身長一丈六尺で黄金色です」。帝は使者を天竺に派して佛道の法を問わせ、その姿を絵に描かせた。（…）のち桓帝（二世紀中ごろの皇帝）がこの神を好んでしばしば浮圖を祀り（…）その後だんだん盛んになった。——「浮圖《ふと》」は「佛陀《ぶつだ》」の音訳。

最初に「世伝」と断わっている通り、後漢書の撰者范曄《はんよう》（五世紀の人）がこの話を信じているわけではない。范曄は理性的な知識人だから、仏教伝来は天子の見た夢に始まる、なんて話を信じるわけがない。しかし彼の記述は、中国人が「佛《ぶつ》」を神だと思い、「佛《ぶつ》」はその神の名だと思っていたことを正しく伝えている。

神の名なら直称はおのずと避ける。呼称だとしても――昔の中国の仏教信者が「佛」は名か呼称かと詮索するとは思えないが、そうだとしても直称は遠慮する。そこで「仏」「ム」つまり「ムニャムニャ」と書いたのだろうというわけだ。

法華義疏のその他の略字・異体字。

國を囗《クニガマエ》に王。昔は多くそうである。中華人民共和国は囗《クニ》の中に王がいるのはおかしいと日本の真似をして点をつけて「国」にしたのだ、という冗談がある。昔は中国でも日本でも書写の際字に意味なく点をつけることはよくあった。国の中の点もそうである。

麤を鹿の上にチョンチョンと略している。麤はふつう「粗」と同義だが、ここは説文に「行超遠也」と言う「奥深い」の意。

號を号。これはどなたもご存じの最もありふれた略字。

因を口の中に左にくっつけてコを書く。これもふつう。唐代を代表する字典『干禄字書《かんろくじしょ》』に「因の俗字」として出ている。なお干禄は禄《ろく》を干《もと》める、つまり「高官位について高収入を得るための」の意。中国人らしい率直な（日本人の感覚では露骨な）タイトルである。今で言えば「北京大学合格字典」といったところ。

爲を「め」の中に点のように書くのもごくふつう。今の中国簡体字もそう。

修（かざり）と脩（乾肉《ほしにく》）とは本来全然別の字だが、形が似ているのでゴッチャに書く。日本人もそう。ここはインド語の発音を示しているだけなので魚住さんは「修」と翻字した。

干禄字書は字を、正字、通字、俗字の三ランクにわけ、俗字は民間人が家の貸借契約や処方箋などに使う字とする。科挙の答案に「盡」を「尽」と書いた者があったのを、採点者が「尺二先生」と笑って落第にした、とある。

法華義疏はその俗字を多用して、すいすいと書いている感じである。六朝期は俗字が盛行したからそのせいかもしれない。あるいは、仏教者は一般知識人ほど正字・俗字の別を重視しなかったのかもしれない。

異体字の話

今回は異体字について申しあげます。

今は機械で字を打つから猫も杓子も同じ字になるが、以前手で書いていたころは、人によって無数の異体字があったものです。今回は、そのうち活字で出せるものについてのお話、ということになります。

異体字とは、「見た目はちょっとちがうけど同じ字」ということです。これにもいろいろ種類があります。

一番簡単でわかりやすいのは、部品の配置がちがうものです。

たとえば「峯と峰」。二つの部品がタテに並んでいるか横に並んでいるかの相違で、同じ字です。

いやもちろん、固有名詞は別ですよ。「私は峯子です。断じて峰子ではありません！峰子と書いてくるやつは噛みついてやる」というかたは当然いらっしゃるでしょう。それは別です。

同様の部品配置異体字に「略と畧」「群と羣」「稿と稾」などもある。

「裡と裏」もそうです。「裡」は衣と里が横に並び、「裏」はタテだが、衣の上部と下部が離れて間に里が入っている。

衣の上下が離れて間に他の部品が入った字は「衷」「衰」「褒」などいろいろありますね。「表」もそうです。ちょっとわかりにくくなっているけど。

「表」と「裏・裡」とは、「表」が衣服のおもてがわ（外がわ）、「裏・裡」がうちがわ（うらがわ。体に接するがわ）で、「表裏」とセットの語になっている。

ところが日本では裡と裏とは別の字だと思っている人が多いらしい。「競争場裡」（競争場のなか）を「競争場裏」と書いても同じことだが、「そりゃちがう。それじゃ競争場のうらになってしまう」というわけでしょうね。

部品配置関係がもうちょっと複雑な異体字もある。たとえば「鑑と鑒」。これは、あとの字では金が下にあって皿の居場所が狭くなったために皿の横棒の左右が切れているが、もちろん同じことです。

「襍と雜」。衣と集。「集」は木の上に隹《とり》の絵で「あつまる」の意をあらわす。襍・雜は「衣プラス集」で種々の色の糸をあつめて作った衣服、ひいて「いろいろ」の意。

褋は衣と集が横に並んでいるからわかりやすい。雜は、集の隹と木が離れて、木は衣の下におさまり、隹が右側全体を占めてデンと坐っている。これも部品配置がちがう異体字です（雑は雜の略字）。

部品の配置がちがってもたいていは同じことなんだけれども、まれには、配置がちがうと別の字になることもあります。「吟と含」「忘と忙」がそうです。「杏と呆と束」もそうですね。ほかにもあるでしょう。

部品がちょっとちがう異体字もあります。

「涙と泪」。「涙」のほうが古く、のちに「ナミダは目から出る水」だからというので「泪」ができたらしい。もちろん同じこと。今の中国ではもっぱら「泪」です。

「館と舘」。比較的大きな建造物ですね。もとは「館」だが、「食」よりも「舎」（建物）のほうが似つかわしい感じがするので「舘」と書くようになったらしい。中国でも昔からどちらも書く。

「個と箇」。「個人」は個を書く。一か月は「一箇月」と書く人が多いようだが、無論「一個月」でもよい。物を一こ二ことかぞえるのはどちらでもよい。小生はたいてい、一か月、一こ、とかながきします。

「雞と鷄」。隹も鳥も「とり」だから同じです。日本では従前は「雞」を書く人が多かったように思う。このほうが字のすわりがいいのでしょう。鶏は略字。同類の異体字に「雁と鴈」がある。

「冰と氷」。「冫」は「こおる」マーク。もとは「冰」だが、てっとりばやい「氷」ができた。いま中国は「冰」のほうを書く。

「鐘と鍾」。つりがね。以前は「鐘」を書く人もあり「鍾」を書く人もあった。いま「鍾」は、固有名詞（鍾馗《しょうき》さまなど）以外では、「鍾乳洞」のみ。リクツから言えば「鐘乳洞」でもいいはずなのだがこれは必ず「鍾乳洞」ですね。習慣でしょう。「鍾乳」はつりがねの表面の乳首状のポツポツ。岩垂氷《いわつらら》を中国では二千年前から「鍾乳（石）」と言っている。上からつりがねのようにさがっているのなら「鐘石」でもよさそうに思うが、「鍾乳」「鍾乳石」と言うのは表面に鍾乳状のポツポツがあるのでしょうか。

「杯と盃」。木と皿で見た感じはだいぶちがうが同じこと。日本では「三三九度の盃」はやっぱり「盃」のほうでなくっちゃ、という人もおありでしょう。

「跡と迹と蹟」、これも異体字です。でも日本では「芭蕉の足迹をたどる」は足迹、「縄文・弥生の遺蹟」は遺蹟でなくっちゃその感じが出ない、という人もあった。この盃にしても、迹、蹟にしても、個人がそれぞれの好み、感じによって字を使っていたころのほうがわたしは好きですね。政府が国民の使う字を決めて、パソコン会社がそれを機械にしこんで強制的に使わせる、という時代はきらいです。

もとにもどって——。

「嘆と歎」。「口」は人の口《くち》。「欠」は人が口をあけているさま。どちらも「ああ」となげくこと。

欠（口《くち》あけ）の字はいろいろある。「欠」はあくび。「歌」は人が口をあけて歌を歌っているさま。「歓」や「欣」は口をあけて喜んでいるさま。

「嘔と欧」。どちらも人が食ったものをオエッとはくことだが、たまたまEuropeと音が近いことから、「欧」はヨーロッパ専門になった（区は區の略字）。「嘔・欧」の関係は「嘆・歎」の関係と同じ。最初にEuropeを「歐」（はく）と書いた人はヨーロッパ人に好感を持たなかったのでしょうね。

部品ではなく総体がちょっとちがう異体字もある。

「弔と吊」。日本では「弔」はもっぱら「おくやみ」、「吊」はもっぱら「ぶらさがり（くびつり）」に使うので、全然無関係の別の字みたいだが、字を並べてみればわかるように、ちょっと書き順がちがうだけの異体字です。なぜ「おくやみ」と「ぶらさがり」なのか。辞書には、古い字を見ると棒に植物のつるがまきついた絵だから「たれる」意で、そこから「同情をたれる」の「おくやみ」と、「人が上からたれる」の「ぶらさがり」が生じたのだと書いてある。まあ、そう推測する、ということですね。とにかく意想外の両義だ。中国では字を使いわけず、「吊」が「おくやみ」と「ぶらさがり」を兼ねる。音はもちろん同じ。

部分的異体字、というのもあります。

「案と按」。案は「つくえ」と「かんがえ（る）」とある。あとの案も「思案」「妙案」「案ずるより生むがやすし」など皆「案」なのだが、「案ずるに」だけは何故か昔から「按ずるに」と書くことが多いようですね。

「著と着」。著は著《ちょ》と著《ちゃく》とある。著《ちょ》は「あらわれる・あらわす」で、著名、著書、顕著、名著など。こっちは問題ない。

著《ちゃく》は「つく・つける」。このほうだけ「着」という異体字がある。「著・着」は一見するとだいぶちがうようだが、よく見ると、クサカンムリの下に横棒が二本あり、右上から左下へ斜め棒があり、下に日（目）があって、要するに「著」をてっとりばやく書いたのが「着」である。

したがって著《ちゃく》は「著」「着」どちらを書いてもよいのだが、昔からある語「執著」（しゅうぢゃく、しゅうちゃく）、「愛著」（あいぢゃく、あいちゃく）などは「著」を書くことが多く、新しい語「到着」「着陸」などは「着」を書く。

また身に「つける」ことから「き（る）」と読まれ、「着物」「薄着」など衣服の意にも用いる。

「荘と庄」。「荘」は呉音「しょう（しやう）」、漢音「そう（さう）」だが、意味のちがいはない。その呉音で言ったばあいの異体字（略字）が「庄」である。

「荘」は、貴族などの有力者が、農村地帯などに持つ別宅、またその所領地である。別宅の意味は今日「別荘」「山荘」などの語にのこっている。このばあいは今は荘《そう》とよむが、ふつうには昔から荘《しょう》である。荘には広い庭がついているから、あわせて「荘園」とも言う。広大な所領地を「荘」とも言い「荘園」とも言う。この「荘」の字をてっとりばやく書いたのが「庄」である。「庄」の字は奈良時代の文書から見えている。荘園も「庄園」と書いている。もちろん必ず「庄」「庄園」と書いたというのではなく、どちらもあるということです。

ある地域を「○○の荘」と言うことは、のちのちまで、いたる所にある。芭蕉が『奥の細道』で「岩城・相馬・三春の庄」と言うごとく。

さてその荘の、領主は都など遠隔地にいて年々あがりを取るだけである。現地を実際に取りしきっている人たちは別にいる。そのトップが、荘官、荘司《しょうじ》などと呼ばれる人である。この荘司つまり村長《むらおさ》のことを室町時代ごろから「庄屋」と言うようになったらしい。「庄屋」はもとは「荘官の屋敷」の意で、だんだん荘司その人を指すようになったのではないかと思う。この庄屋はもう「荘屋」とは書かず一定して「庄屋」と書くようである。だから「庄」は「荘」の異体字だが、必ず「庄」の字を書くのは「庄屋」一語だけ、あとはどっちでもよい、ということになりますね。

Ⅶ　江戸のタバコ禁令

江戸のタバコ禁令

タバコのみの世間はいよいよせまくなるばかりです。役所、建物、施設などの喫煙所はなくてふつう、あっても腰かけ一つない。世の敵意を感じますね。

無論小生も、いいことだと思って吸っているわけではない。長年の習性です。一大決心をして断然この悪習を絶ち切ろう、というほどの熱意もない。そう無理をしなくてもうじき死ぬ。

新聞の書評欄で田中眞澄《まさすみ》『本読みの獣道』('13みすず書房)という本をほめてあったので、買って読んだ。著者は一九四六年生れ。なかに「煙草・ユーモラスな残酷」という今どき珍しい煙草エッセイがある。

「久しぶりに国会図書館の中の喫茶室に入ったら、驚いたことに全面禁煙になっていた。」と始まる。少し前ごろまでの人気タバコやタバコ好きの話がいろいろあって、おしまいに「煙草を吸おうが吸うまいが、平等に人は死ぬ。分け隔てはない。」そして北原白秋作詞の歌「煙草のめのめ　あの世も煙れ　どうせ　亡くなりゃ野の煙」というのを引いて終っている。

著者はこの本が出る前に死んだと、別の人が書いたあとがきにある。タバコのせいかどうかは書いてない。しかし読んでくると、「覚悟のタバコ死」という感じがして、共感を禁じ得ませんでした。

昔の学生がおもしろがって読んだ本の一つに、穂積陳重『法窓夜話』（大正五年有斐閣）『續法窓夜話』（昭和十一年岩波書店）というのがある。著者は明治時代の法学者である。安政三年（一八五六）生れ、明治九年（一八七六）に政府派遣ヨーロッパ留学、帰って東大教授、という近代最初期の西洋流学者だ。

なおこの陳重という名、今の人名辞典には「のぶしげ」とあるが、当時世間ではホヅミチンジュウと言っていた。原敬をハラケイと言うように、著名人は音《おん》で言うのがならわしでもあり、それが敬称でもあった。

陳重先生は洒脱《しゃだつ》な人で、自分の専門に関連あり一般の人たちに興味がありそうな話題を選んでエッセイを書いた。法窓夜話正続二百篇はそれである。

このなかに江戸時代のタバコの話がある。

タバコは十六世紀の半ばごろポルトガル人が持ちこんだ。これは吸うタバコ（製品としてのタバコ）である。その後一六〇〇年前後のころに栽培植物としてのタバコが九州に入ってきて、あちこちで植えつけられ、たちまち喫煙の風が全国にひろがった。

幕府はたびたび禁令を出した。今みたいにタバコのみは肩身がせまいという程度のなまぬるいのではなく、吸うことも作ることも全面的に禁じたのである。

この本によれば、慶長十四年（一六〇九）から始まって、同十五年、十七年、元和元年（一六一五）、同二年とたてつづけに禁令が出ている。各藩も出している。最もきびしいのは薩摩藩で、タバコをのんだことが知れた者はすべて死罪、と定めたよしである。

幕府はタバコ禁止の理由として三か条をあげている。①無用のついえである。②火事のもとである。③良田をつぶす。三つとももしごくもっともである。

こんなにたびたび禁令が出ているのは、穂積先生が言うように、あまりききめがなく、長つづきしなかったからだろう。当座は姿を消すが、すぐまた始まり、いたちごっこだったのであろう。

穂積先生の文をお目にかけましょう。明治の学者が書いたものとは思われぬほど、平明・達意の文章である。漢字を今の字にしたほかは原文のまま。ふりがな一か所ありそのまま。なお白木屋《しろきや》は日本橋の有名な商店である。

〈元和元年六月幕府は諸国に厳令を下して当時天下一般に大流行であつた煙草の喫用を厳禁し、煙草の売買及び栽培を禁止した。其頃、白木屋の先祖大村彦太郎といふ者が、或日柳原の土堤《どて》を通ると、不図一人の飢ゑ疲れた乞食が、菰の下にて人目を忍びながら煙草を吸つて居るのを見付けた。彼れの思ふやう、喫煙は今天下一統の厳しい禁制である。然るに、今其日の食物にさへ窮して居る乞食が、一ぷくの煙草を棄てることが出来ずして隠れ喫むといふのは、これ全く人間の嗜好性に適うて居る物であるからである。もし左様であるとすれば、今はこれ程までに厳しい煙草禁制の法令も、いづれ程なく弛んで来る時も有るに相違ないと。〉

以下、大村彦太郎は、当時用なく二束三文で手に入ったキセルなどタバコ道具を買い集め、禁制がゆるんだおりを見はからって売り出して巨利を博した、とつづく。なお「不図」はフト、「適うて」はカノウテ。

右は穂積先生の語り口を見ていただくために引きました。先生がこの話を何から取ったか明確でないが、実話ではない。豪商白木屋発祥譚と江戸初期のタバコ禁制とを結びつけた話柄である。元和元年は上記の通り一六一五年。白木屋初代大村彦太郎は寛永十三年(一六三六)生れ、近江長浜の人、京都で材木屋を始め、江戸日本橋に支店を出してキセル・タバコ道具商売を始めたのは寛文二年（一六六二）である。穂積先生は多分承知で、おもしろく語っていらっしゃるのである。

この本に慶長十七年の禁令の原文が出ているので御紹介しましょう。

いやわたしも、幕府のおふれなどには縁がない。多分こういうものを高札にしてあちこちに立て、町内の衆がその前に集まって、物知りの御隠居さんあたりが読み聞かせ、みんな神妙にうけたまわったんじゃないかしら。

句読点と返り点は穂積先生がつけたものだろうと思うが、そのまま引きます。なお漢字が多いが無論漢文ではありません。純然たる日本語です。

一、たばこ吸事被二禁断一訖、然上は、商買之者迄も、於レ有二見付輩一者、双方之家財を可レ被レ下、若又於二路次一就二見付一者、たばこ並売主を其在所に押置可二言上一、則付たる馬荷物以下、改出すものに可レ被レ下事。

附、於二何地一も、たばこ不レ可レ作事。

右之趣御領内江急度可レ被二相触一候、此旨被二仰出一者也、仍如レ件。

慶長十七年八月六日

だいたいの趣旨はわかりますね。お役所への通報、悪いことばで言えば密告の奨励である。通報者には売手買手双方の家財を与える。往来で発見したばあいは、現物と売主を押えておいて通告すれば、馬も荷物もその者につかわす、と言っている。「吸ってますよ」「売ってますよ」と言いつけただけでぼろいもうけになるが、さて言いつける者があったかしら。もうけにはなるが、そのかわり町内にいられなくなるんじゃなかろうか、という気がする。

あまり自信はないが、最初から読んでみましょう。

「たばこ吸うこと禁断せられおわんぬ。」「おわんぬ」は現代語に直訳すれば「終った」だが、「ました」「た」ぐらいの意。「訖」はそこでいったん文が切れることを示すマークだと思ってください。

「しかる上は商賈《しょうばい》の者までも」そうときまった上は吸ったやつも売ったやつも。「見つけたる輩あるにおいては、双方の家財をくださるべし。」双方の家財を没収して見つけた者に与える。「者」は現代語の「者」にも「は」にも用いる。

「もしまた路次《ろじ》において見つけつくれば、たばこならびに売主《うりぬし》をその在所におさえおき言上《ごんじょう》すべし。すなわちつけたる馬荷物以下、あらためいだすものにくださるべきこと。」

「改出すものに」は「たばこを売っていたことを確認して通報したものに」の意か、「届出を受けた役人が現物を確認した上で通報者に」の意か。上に申したごとく小生幕府のおふれなどには従来縁がないので、よくわかりません。

「つけたり。いずれの地においても、たばこ作るべからざること。」この「作る」は作づけ、栽培です。

次の一行は、実際に高札を書く各町の町役人にあてたもので、高札には書かれない部分であるかもしれません。

「右のおもむき、御領内《ごりようない》へきっとあいふれらるべくそうろう。このむねおおせいだされるものなり。よってくだんのごとし。」「よってくだんのごとし」は「以上終り」というきまり文句です。字は「依而如件」などいろいろ。

「慶長十七年八月六日。」

上にごらんいただいたように、江戸時代の文には、部分部分を見ると、「於有見付輩者」とか「可被下」とかいったふうに、日本語とはちがう順に字が並んでいることがよくある。漢文の尾骶骨《びていこつ》みたいなものですね。ただし漢文（中国語）になっているわけではない。よむ際には無論日本語の順序でよむ。

このおふれにかぎらず、昔の文には「被」の字が非常に多く出てくる。動詞の上に書き、受身・尊敬などをあらわす。動詞のあとに「る」「らる」をつけてよむ。「被下」は「くださる」のごとく。「被」の字があったら次は動詞、それをていねいに言う、というマークです。

このおふれは政府の文書である。それが政府の（つまり自分の）行為を尊敬語で言うというのはおかしいのだが、それがお上《かみ》というものなのですね。

タバコ禁令は、言うことはきびしくたいそうだが、肝腎のところが手薄で、本気でやる気があるのか疑わしい感じがする。

タバコを禁じようとすれば、だれが考えても、農民にタバコの作づけをさせないのが基本である。そもそも葉ができなければあとの何ごとも始まらない。葉さえできれば、かくしおくのも製品にするのも、流通もかくれのむのも容易だろう。

禁令は、「吸うな」「売るな」は本則だが、根本の「作るな」はつけたりである。吸った者売った者は家財・馬荷物まで見つけた者に取られるというのに、畑にタバコを植えてあるのを見つけて知らせた者にその畑を与える、という条項はない。畑は逃げもかくれもできないから最も簡単確実であるのに——。

結局、幕府のメンツを立てつつ、事実上の容認に後退していった。一七〇〇年前後のころには、全国のタバコ畑の総面積は、近江ほどの大国が二つ三つすっぽり入るほどの広さに達していたそうである。

名乗と通称

昔の人は、ことに武士階級の人は、名前がたくさんありましたね。人間は一人だのに名前がたくさんなのである。

例は誰でもいいが、たとえば勝海舟。名（実名《じつみょう》、名乗《なのり》）は義邦、また安芳。称（通称、呼称）は麟太郎。また安房守《あわのかみ》、安房《あわ》。号は海舟、また飛川。

ほかにもあるかもしれないが、わたしが見たものに書いてあったのは以上です。うち、名と称は武士階級の者なら皆あったろうと思うのであとまわしとして、それ以外についてまず申します。資料には元治元年（一八六四）五月に幕府が安房守《あわのかみ》に任じたとある。以後安房守、略して安房《あわ》と自称し、人からも呼ばれる。安房は今の千葉県南部である。

江戸時代の武士の「〇〇守《のかみ》」というのは何だかよくわかりませんね。少くともわたしにはわからない。安房守に任ぜられたと言っても、安房を支配せよとか安房を見回ってこいとかいうことではなさそうだ。

たとえば榎本武揚は和泉守《いずみのかみ》である。和泉は今の大阪府の一部だが、そことは関係ない。江戸の神田和泉町に住んでいたので和泉守なのだそうである。

しかし勝安房守の場合は現住所とは関係なさそうだ。住んでいたのは氷川《ひかわ》（今港区らしい）である。なんで安房守なのかわからない。

それで安房《あわ》が自称で、字をちょっと変えて安芳とも自称した。この場合は当人は安芳《やすよし》と名乗ったようで、『大日本人名辞書』には勝安芳《カツヤスヨシ》で出ている。

「海舟」というのは、佐久間象山が自分の書斎を海舟書屋《かいしゅうしょおく》と名づけてそう書いた額をかけていたのをもらってきて自分の部屋にかけたので、海舟《かいしゅう》なのだそうである。右に言ったように家は氷川《ひかわ》で、これを字をちょいと変えて飛川と書いて自分の号とした。これは飛川《ひせん》と自称したようである。とにかく海舟にせよ飛川にせよ、大した由来ではない。

昔の人の名前で「幼名《ようみよう》」（ようめい）というのもよく出てくる。元服以前の子供の時の呼名《よびな》で、日吉丸《ひよしまる》とか竹千代《たけちよ》とか可愛い名が多い。黒澤明監督の映画『七人の侍』で、無学な百姓上《あが》りの乱暴者三船敏郎がどこかで拾ってきた系図を叩いて「これが俺だ」と言うと他の者が「ほうお前は菊千代か」と大笑いする所がある。当人も菊千代《きくちよ》が子供の名前だとはわかるので間《ま》の悪い顔をする。この時の三船の表情が絶妙であった。以後菊千代が呼名になる。菊千代と呼ばれている限り（つまり死ぬまで）滑稽役である。

それから、勝海舟にはないようだが、「字《あざな》」というのも時々出てくる。中国かぶれの者が自分でつけるようである。

中国人の字《ツー》（じ）は実用的なもので、名と連関があり、主として他人がその人を呼ぶのに用いる。たとえば唐の詩人杜甫は『説文《せつもん》』に「甫、男子之美偁也」とあるので字が子美《しび》である。日本人の字《あざな》はそれをまねたものだがそう実用性はなく、したがってない人も多い。

中国の字《じ》は呼名と言ったが、ややあらたまった場合（書簡など）に用いる。親しい友人などが話の中で呼ぶ際は兄弟順の数（番号）で呼ぶ。中国の兄弟は日本の兄弟より範囲が広く、日本の「腹違《はらちが》い」や「父方《ちちかた》の従兄弟《いとこ》」などを含む。したがって数が多い。杜甫の親友高適は兄弟順三十五番目なので友人は皆「三十五」と呼ぶわけである。

番号の上に姓をつけたり、下に郎（女の場合は女きょうだいの順番で下に娘《ニアン》）をつけることも多い。杜甫は二番なので「杜二」「二郎」などと呼ばれる。なお一番上は一ではなく「大」と言う。

これが日本に入ってきた。日本人は点をつけるのが好きらしくて点をつけて一番上を太郎と言う。以下、二郎（次郎とも書く）、三郎、四郎……である。上に字をのっけて清太郎とか善二郎とかするのは日本人がやり出したことで、中国ではそういうことはない。こういう場合下を略して清太とか善二とか金三とかも多い。

さて日本人の名である。これは中国人をまねたもので、通常漢字二字の好字（好ましい意味の字）で訓《くん》読みする。古く人麻呂《ひとまろ》とか赤人《あかひと》とか不比等《ふひと》とかいうのは根っからの日本人の名前で漢字はあて字だろうから、漢字二字好字は八世紀ごろからではなかろうか。藤原房前《ふささき》とか広嗣《ひろつぐ》とか。

名（実名《じつみよう》、名乗《なのり》）は貴重なものであるから他人は呼ばない。実名で呼んでもいいのは父親と師と主君だけ、ということになっている。これは「呼んでもいい」のであって、「呼ぶ」ということではない。たとえば徳川将軍が勝海舟に声をかける時は「安房《あわ》」と言ったであろう。よもや「義邦《よしくに》」とか「安芳《やすよし》」とか呼んだりはしなかったろう。

海舟の父勝小吉はその著『夢酔獨言』の中で「孫やその子はよくよく義邦の通りにしてて」と言っている。これは文だから子の実名を書いているのである。家で口で呼ぶ時はもちろん「麟太郎」あるいは略して「麟《りん》」と言ったに相違ない。

称（通称、呼称）は人が呼ぶ呼名《よびな》である。新左衛門とか勘兵衛とか小四郎とかいったふうなのである。

名（実名《じつみよう》、名乗《なのり》）と称とは、性格がちがい表現がちがい用途がちがう。名は当人が書く文字である。通常文字でのみ表現される。訓で読むと言ってもどう読むのかは当人しかわからない。しかしそれではいろいろ不便だから、著名人の場合自然に「常識読み、あてずっぽ読み」ができて定着していることが多い。

たとえば吉良邸に討入りした赤穂四十七士の首領は、姓は大石、称は内蔵助《くらのすけ》、名は良雄である。この良雄をどう読むのかは誰にもわからない。で自然に、良雄《よしを(お)》というあてずっぽ読みができている。吉川弘文館『國史大辭典』および新潮社『新潮日本人名辞典』は、「正しくは「よしたか」」としている。何によって「よしたか」が正しいと判断したのかは書いてない。『岩波日本史辞典』は「名は〈よしたか〉とも」としてある。

たしかに「よしを（お）」よりは「よしたか」のほうがホンマらしい感じがする。感じだけですよもちろん。「よしかつ」説もあるらしい。これも「よしを（お）」よりはホンマらしい感じがする。

名乗の字の訓読みは多い。諸橋大漢和の「良」の「名乗」の所には、ヨシ、サネ、スケ、ツギ、カズ、等々十四もある。ヨシの次に例が多いのはナガじゃなかろうか。

「雄」は、ヲ、カツ、カタ、タケの四つだが、タカもあることは上によって確かである。良雄の読みは右の組合せだったら皆「あり」である。何が正しいかわかるはずがない。

称は声である。音《おと》である。著名人は自然に慣用的に字が固定してくるが、一般的には、たとえば「ゲンゾウさん」の字はどう書くかなんて意識して「ゲンゾウさん」と呼んでいるわけじゃない。声の名前だから字はどう書いてもよい。勝海舟の称は麟太郎一つのようだが、人によってはいくつもある。伊藤博文の利助《りすけ》、俊介《としすけ》、俊輔《しゅんすけ》等々のごとく。

称の字が固定するのは明治になって名前を字に書いて役場に届けることになって以後である。明治政府は名前は一つにせよと命じた。名系でも称系でもどちらでもよい。

江戸の学者荻生徂徠《おぎうそらい》が『政談』で名乗と称（徂徠は「仮名」と呼ぶ）のことを言っている。岩波の日本思想大系にも岩波文庫にも入っている。校注者は同じ人。

『政談』は八代将軍吉宗に献じて稿本は秘せられていたのが、徂徠の歿後よほどたってからその写本が、さらに後《のち》に刊本が世に現われた。そのせいか出来が悪く通じにくい。その上注が悪い。

徂徠の批判の要点は二つある。一つは、日本人の名乗は親子代々同じ字を用いて愚かしい。これはたとえば徳川将軍は、家康、家光、家綱、家宣、家継……と同じ字を使うのを暗に指しているのだから大変である。よく将軍に献じたものだ。八代は家の字を用いず傍系だからか。将軍は直ちに焼き捨てたろう。稿本を秘し隠したのは当然である。

中国では親の名の字を子がまた使うなどということは決してない。とんでもないことである。親の名の字は文中でも用いないというくらいだ。徂徠は中国有難や教の大親玉だから、日本人のやることを「文盲至極」と決めつけたのである。

一つは、日本では親子代々同じ名前、ということがよくあるのは愚かしい。たとえば、爺さんも勘兵衛、親父も勘兵衛、当人も勘兵衛、その子も勘兵衛、というようなことをよくやる。だからあとになるとどの勘兵衛だかわからない。目の前のことしか考えてない。もちろん中国ではそんなことのあるはずがない。

徂徠の稿本はないから模様はわからないが、どっちかと言うと漢字カタカナ混りの大系本のほうが近そうだからそっちを引きます。「当時」は今。

〈当時名乗ト言者、常ニ不《ル》レ呼《バ》事故、幾度モ心儘ニ附替テ、同名夥シ。名乗ヲ反スト云事、文盲至極ナル、埒モ無キ事ナルニ、是モ作法ノ様ニ成テ、人々反ス上ニ、通リ字ト言事アリ。姓ニ合セ、反字ノ佳《キ》ヲ用ルト云事有テ、是ニ因テ半バ同名也。〉

名乗ヲ反ス、に注がついている。文庫本も同じ。

〈名前をきめる際、二字の上の字の頭子音と、下の字の韻とを合せて一字をつくり、その字の吉凶によって名前を定めること。〉

どういうことか意味がわからぬ。たとえば松平定信なら、定《さだ》の頭子音s、信《のぶ》の韻-obu、合せてsobuの一字をつくる、と言ったってそんな字はない。あるいは音《おん》で定《てい》の頭子音t、信《しん》の韻-in、合せてtinの一字、というのもない。あるいは定《さだ》のサと信《のぶ》のブを合せてサブか？　そんな一字もない。

ここで徂徠が言っているのはそんな難しいことではなく、親の名乗の一字を子が反復する、ということである。家光の子が家綱のごとく。この反復字のことを「反字」「通リ字」と言っているのだ。だから当然「半バ同名」（半分同名）になる。「反ス」は反《かえ》す。「反字」は反字《かえりじ》。つづいて、

〈名乗ハ実名ニテ、何左衛門・何右衛門等ハ仮名也。当時ハ仮名ヲ用ヒテ、名乗ハ仮ニナル故、右ノ如シ。〉

名乗・実名に対して、称（通称、呼称）を「仮名《けみょう》」と言っている。そう言うほうがふつうだったのだろう。仮名は「かりの名」なんだが、今はそればかりを使うから、名乗・実名のほうが「かりの名」みたいになっている。しかしちゃんとした書類には名乗を書かなきゃいけないよ、と以下にさとしている。

この『政談』は、徳川将軍その人に対して、徳川家の名乗を「文盲至極」と批判するという、大胆不敵なものである。中国を神聖視する徂徠だからやったことだ。

しかしそれを黙って不問に付した八代将軍吉宗というかたは偉い人だったなあと思います。

武士の絵日記

大岡敏昭『武士の絵日記　幕末の暮らしと住まいの風景』（平26角川ソフィア文庫）を読む。ここしばらくの間に何度めかである。おもしろいから何度でも読む。

タイトル通り武士の絵日記である。絵だけではなく文もついている。かいたのは武州忍《おし》藩の尾崎石城《せきじょう》という下級武士である。石城は字《あざな》とのこと。忍藩は今の埼玉県の北部である。群馬県に近い。

日記は文久元年（一八六一）の六月から翌年四月までの分が残っている。明治維新のすぐ前。石城三十三歳（数え）から三十四歳にかけてである。独身で、妹夫婦の家に同居している。

江戸の生れ。現に母と兄とが江戸にいる。当人は忍藩の尾崎家の養子になってここに来た。百石の中級武士であったが、四年前の安政四年（一八五七）上役に上書したため不興をこうむり、十人扶持《ぶち》に格下げされて養家を追い出された。妹が忍藩の下級武士の所に嫁に来ているので、そこに同居させてもらっているのである。

武士の階層と俸給については、編著者の大岡氏が詳しく書いてくれている。百石は知行《ちぎょう》取《とり》で、実収入は年六十石ほどである。扶持取《ふちとり》は俸給を米でもらう。十人扶持は年十八石ほどである。

武士としての仕事は何もない。もっとも武士というのは特に役職についていない限り誰でもそういうものだが、特にこの人はマイナスの烙印つきだからたまにお城へ顔を出す義務もない。全くの用なしである。

それじゃ毎日何をしているか。友だちと会っている。多くは武士仲間である。武士は、上級（だいたい三百石以上）、中級（五十石から二百石台くらい）、下級（それ以下）武士とあるが、忍藩の千人くらいの武士のうち上級武士はごく僅かであり、石城の友だちはいない。友だちは皆中下級武士である。中下級武士も俸給によってランクがさまざまだが、友だちとしては皆同等のつきあいである。石城はマイナス烙印武士だが、差別視する者はいない。

武士以外の友だちもある。たくさんある寺の坊主も友だちである。町人の友だちもある。女の友だちもある。たいてい酒楼、つまり食い物屋や飲み屋のおかみである。

石城はこれら友人たちと毎日会って、しゃべったり食ったり飲んだりしている。場所は友だちの家のこともあり、石城の家に来ることもある。石城の家とは妹の家だが、部屋が三つか四つのその小さな家の、一番上等の六畳を石城は占領している。妹の夫も友だちの一人である。

石城の絵日記の絵は皆、友人たちが集ってしゃべっている絵である。石城は絵が上手なので、それらどれも似たりよったりの絵がおもしろいのだ。

考えてみると江戸時代というのはふしぎな社会である。人口の相当部分をこれら仕事もなく用もない人間が占めている。ハミ出し者や落伍者ではなく、社会の中核であり知識層である。それが毎日集って雑談してくらしている。それに政府が給料を出している。

日記の絵はこの本にたっぷり写真が出ているからごらんいただくとして、以下つけた文を引く。文はかなり絵の一部に写っているが、縮小写真だから少くともわたしの目ではよめない。本文中に引用してある。

原文と引用文とは種々異る。原文には句読点がないが引用文にはついている。原文にはふりかながないが引用文にはついている。引用文は所々に編著者のカッコつき説明がある。文そのものもだいぶ違うようである。明らかな写し違いもあり、書き改めもある。

たとえば「鶏《にわとり》を割《わ》る午《うま》の刀《かたな》」とあるが、これは論語の「割雞焉用牛刀」を用いた語だから「牛の刀」でなくてはならない。

あるいは「午後遊干《ゆうかん》（遊びゆく）龍源寺」とあるが、これは「遊于」である。「于」は「於」と同じで「龍源寺に遊ぶ」である。あるいは歌を引いて「ミよし野にまさる、およしのさくら色、われ置きをらんと思ふへし」とあるが、後半は歌になってないし、意味もなさない。多分写し違えだろう。写真がついているがわたしの目では無理である。

ふりかな、カッコ説明も不適当なのが多い。たとえば「先々《さきざき》」が何度か出てくる。「先々無滞《さきざきとどこうりなく》」「先々《さきざき》御安心下《くだ》され度趣《たくおもむき》」など。これは「先々《まづまづ》」である。なお度《たく》ではなく度《たき》。「酌《しゃく》」が多いが動詞は「酌《くむ》」の活用である。「今より酌《しゃく》へし」ではなく「酌《くむ》へし」。「さけ肴調《しら》へてすゝむ」ではなく「調《ととの》へて」。「鮭二切《ふたきれ》持《も》しかへる」ではなく「持《ぢ》しかへる」。「いまた来《こ》らす」ではなく「来《きた》らす」。やさしい動詞のよみがしばしばおかしいのは無知な編集者がつけたのであろうか。

よってふりかなと説明は無視します。

この人の日記の著しい特徴は、毎日のおかず（自宅も出先も含めて）を克明に記録してあることである。いま日記をつけている人は無数にあろうが、毎日の食った物を記録している人は少いのではなかろうか。

簡素な日もあり豊かな日もある。

たとえば六月二十日（今の月日で一月くらいあとと思ってください。六月二十日なら今の七月下旬ころ）。

〈朝、新勇太郎、高垣半助、篤雲、宮崎平蔵来る。午後、大蔵寺に遊ふ。津坂東作来る。夕、龍源寺に遊ふ。夫より津田に遊ふ。朝食茶つけ、午後同、夕食同〉

この日は三食ともお茶づけである。篤雲は長徳寺の僧である。それ以外は友人である。もちろん僧も友人である。毎日のように寺へ遊びに行く。町人や女たちも来る。寺は集会所である。

翌六月二十一日。

〈朝拝後、運平方へ至り、暫く語談し、夫より忠治宅、龍源寺にゆく。夫より髪結に至り、月代なす。憲明同道ニ而同人部やニ至る。温飩馳走ニなる。〉

途中ですがちょっと切ります。月代《さかやき》は頭剃り、つまり理髪店へ行った。しょっちゅう行く。武士の前頭部はいつもツルツルでなければならず、自分では剃れなかったのかもしれない。憲明は龍源寺の僧。温飩はうどん。

〈今日、江戸への状、岡実、浅井、多賀等認、麦こかし弐袋多賀浅井へ送る。〉

また切ります。浅井は兄宅、そこに母もいる。麦こがしは大麦を炒って粉にし、砂糖をまぜたもので、湯でといて食べるとのこと。

〈夕方ハ東作同道ニ而行田に遊ふ。途、笹岡善三郎三月初国はね仮宅へ立寄、大黒屋ニ至る。早速さけ出、あけもの、しそ茄子。爰ニて大分酔、夫より丸やへ状たのミ、長徳寺に行しに和尚又直しにしめもの出ス。予、酔中、殊ニ直しをたしまされハ早々に辞しけるに、東作のすゝめにて大利の楼に登る。玉子やき、茶碗台、くるきなす甘煮、八百文。大に酔てかへる。そのさま図のことし〉(「たしまされハ」は「たしなまないので」の意)

行田《ぎょうだ》は忍藩城下の町人地である。国はねは編著者によればひっこし。大黒屋は行田の酒楼であとの大利楼の別名。丸やは郵送屋だろう。長徳寺で出されたものは編著者は「しめもの」しめ鯖《さば》らしき肴とする。「にしめ」はよく出るが「にしめもの」とは言わないようだから、ここの「に」は助詞なのだろう。茶碗台は編著者は茶碗蒸しとする。くるき茄子は黒っぽいなす? 八百文は編著者今の一万三千円ほどと推測する。図は二枚三図あり。一枚めは龍源寺のいろりのある部屋で坊主にうどんをごちそうになっているところ。二枚め第一図は大利楼一回め東作と食って飲んでいるところ。おかみと若主人が接待している。第二図は二回め。主人および友だち三人と飲み食いしおかみが接待している。

金もないのによく飲む。金は友だちに借りたり本や衣類特に本を典《てん》する。典は質入れだが、事実上質屋で売っている。絵がうまいので行燈や障子(ふすま)に絵をかいてアルバイトにしている。その日ぐらしだが、苦にする風はない。売った本のリストが出てくるが、四百八冊あるとのこと。くやしいからせめてリストを残しているのである。漢籍が多いがけっこう日本の本も多い。いろいろである。万葉、源氏、新井白石の著書、俳諧、歌舞伎の本など。編著者は四百八冊と書いているが四百八種か、あるいは四百八巻か？　たとえば「史記評林二十五巻」を一と数えているのか二十五と数えているのか。四百八巻では少すぎるから四百八種か。

翌年四月二日、友だちの提案で自宅で田楽をやっている。肴はその友だちが買ってきた。「目黒さしミ、目黒ねき、ぬた、鯔《ぼら》塩やき、蓮根、豆腐田楽、さけ三升、枸杞《くこ》めし」とある。目黒はまぐろらしい。「ぬたとは膾《なます》の一種で、ねぎ、魚類、海藻、貝類などを酢味噌などで和《あ》えた料理」、「枸杞めしとは枸杞の葉と根を入れた混ぜご飯」とのこと。忍《おし》は内陸だが新鮮な海の物がとどいていたこと、他の所でもわかる。生魚をどうやって運んでいたのだろう。

武士たちは集っては酒を飲むのだが、酔うと踊る。絵もある。手を前に出して体をひねっている。どうも一人が踊り、終って坐ると次の者が立って踊るようである。武士の踊りだからゆっくりした動きではないかと思うが、わからない。そして酔っ払うとしばしばそのままその家で泊る。

江戸の幕臣は昼間どこへ行っても、幕府に何事が起るかわからないのだから夜は必ず自宅にいなければならない、と何度も本で読んだことがある。本当だろうか。そういう建前になっている、ということだろうか。忍藩の武士は平気で友人宅や寺に泊る。その夜隣藩が攻めこんでくるなど実際にあるはずがない。

たとえば二月十一日、奥山という友人宅で。この日の料理は「さしミ、吸物、鮒《ふな》大根煮付、すきミおろし、ゆとうふ」とある。

〈主人大悦にて夕方よりさけはしまる。夜ニ入、予、市太郎両人ニて歌舞し、近隣の室たち来る。（……）予も大酔し打臥す。〉

近所のおばさんたちが見に来たと言い、絵を見ると中年女が四人いる。酔寝して翌朝起きると朝食にまた酒が出る。

〈主人また酒あたゝめて出す。予も心ほっして酌。むきミ、三ツ葉の羹、菜ひたし、豆腐汁、塩辛なとにて打興したる。折から此隣なる佐藤甚三郎入来。同人またさけとそは粉を持ス。〉

これも絵がある。三人で朝から酒を飲み、奥山妻がサービスしている。

これで日がすぎて行ったのだから、江戸時代の武士というのは気楽なショーバイであった。

兵站、輜重

京都大学教授の佐藤卓己先生が、先頃の毎日新聞'15・6・11「オピニオン」欄にこう書いていらした（長いのでところどころ飛ばします）。

〈星浩「構想力欠く安保法案　禍根残す」（6月7日付朝日新聞）の伝えるところでは、新しい日米ガイドライン（防衛協力の指針）の「後方支援」は英語版で「logistic support」である。「通常は『兵站《へいたん》』と訳される。武器・弾薬の補給や兵士の輸送をする任務だ。……」

……旧軍の輜重《しちょう》軽視を引きずる日本人に共通の戦争観なのかもしれない。……そうでなければ、この「意訳」に気づいた記者たちはなぜ「兵站」と新聞記事で書かないのか。……現代戦における「兵站」の重要性に理解が及ばないためだろう。〉

むずかしい言葉や字が出てきますね。

昔の軍隊や戦争について書いた本を読んでいると、「兵站」とか「輜重」とかが出てくることがある。だからそういう本を読んだ人なら、兵站・輜重という言葉や文字を見たことがあるだろう。記憶にとどめている人もあるかもしれない。

しかし戦争が終ってもう七十年。今の大多数の日本人は、こういう語や字を見ても、意味もわからず、こんな字見たことない、と思うんじゃなかろうか。まあ昔の日本の軍隊はむずかしい言葉や字を使ったものです。

兵站は、前線で戦う兵士たちに物や人を送るラインです。元来はライン上のステーションだが、一般にそのラインを言う。送るのは、食糧、衣服、燃料、兵器弾丸、補充人員など種類も量も多い。また逆方向に、戦死者、負傷者、兵士たちの郷信なども運ぶ。

輜重は、戦士たちと共に動く物です。元来は物をのせ運ぶ車輛だが、日本軍では物を運ぶ兵、その部隊を言った。同じく兵なんだが、鉄砲を持って敵と戦う兵は、物を運ぶ兵を見くだしたものらしい。「輜重輸卒《ゆそつ》が兵隊ならば蝶々《ちょうちょ》トンボも鳥のうち」というのもよく出てきます。昭和になって輜重輸卒という言いかたは廃止した。

兵站の兵は軍隊、これは誰でもわかる。輜重の重《ちょう》は重い物、それをのせて運ぶ車です。日本人にとってむずかしいのは站と輜の字ですね。これはどちらも、ほかに使うことがない。見かけないのも当然です。

輜の字は中国でも他に使い道がない。発音も意味もわからない人が多いでしょう。

站は、中国では、小さな子供でも知っている言葉です。意味用法は二つある。

一つは立つという言葉です。たとえば子供が学校にあがって、教室で腰かけに坐っている。先生が入って来て「站起来《ジャンチライ》」（はい立って）と声をかけると子供たちは皆立つ。今先生は何を言ったのだろう？　なんて思う子はいない。日本の子供が先生の「はい立って」が皆わかるのと同じです。

もう一つは鉄道やバスの停車場です。日本語の、駅、バス停です。これもわからない子はいない。つまり「站」は、日本では読みも意味もわからないむつかしげな字だが、中国では子供でも知っているやさしい言葉である、ということです。いやもちろん、一年生にあがった子が、この言葉は「站」と書くのだと知っている、というのではありませんよ。日本の一年生が駅もバス停もわかるけれど書けと言われても書けないのと同じです。

中国に、今から千年ほど前にできた『廣韻《こういん》』という辞書がある。だいたい西暦一〇〇〇年ごろ、宋の時代、日本の平安中頃の辞書です。これの「站」の項に「俗言獨立」と説明してある。「俗言」というのは「話し言葉で、口語で」ということです。口語で立つことを站と言う、ということですね（「獨立」と言ったって二人並んで立ったらもう「站」とは言わない、なんて言ってるんじゃないよ。獨は添え言葉です）。

『廣韻』は宋代の辞書だが、その内容は『切韻《せついん》』など隋唐の辞書ほぼそのままだろうと言われている（『廣韻』が吸収したので『切韻』などは断片を残してほろびた）。だから六世紀頃以前から、多分ずっと前から、口語では立つことを「站」と言っていたのでしょう。そして今もそのままだから息の長い言葉です。

発音は「陟陥切」と廣韻にある。つまりだいたいchamといった音ですね（陟が「站」の前半のchを、陥が後半のamを示す。切は「……の発音」の意味です）。

昔の中国語にはm音で終る言葉がたくさんあった。英語のsomeやhimのような言葉です。もちろんn音で終る言葉もたくさんあった。別の言葉です。あたりまえですね。英語のsomeとsonとは別の言葉です。站や陥はm語尾の言葉です。もっとやさしい言葉では数の三がsamです。

日本の漢字音は中国から来たものだから、当然日本にもm語尾の言葉がたくさんあった。三はsamと言っていた。

ところが北方中国（中国の北半分）ではその後だんだん語尾のmがnに変化した。今の北方語（これが標準語になっている）にはm語尾はない。

日本語も鎌倉時代くらいからだんだんmがnに変化した。われわれが子供の時分には僅かに燈心《とうしみ》にm語尾が残っていた、ということは以前申しました。それに「三位」サンミや「三郎」サブロー（サムロー→サブロー）もm語尾の名残りです（燈心《とうしみ》とは、ごく小さい皿に油を少量入れ、短いこよりの一端をひたし、一端を皿の外に出して、そこに火をつけた小さなあかりです。戦争中はしょっちゅう停電があったのでいつも燈心を用意していました。ごく弱いあかりです）。

東アジア全体では、m語尾のままなのが中国の南半分と朝鮮語とヴェトナム語、n語尾に変ったのが中国の北半分と日本語、ということであるようです。

今日本で出ている漢和辞典は「三サン（サム）」「林リン（リム）」というように昔の発音を示してあるのと、ないのとがあります。示してくれているほうが辞書を引く人の興を引いておもしろいね。

さて「站」のもう一つの意味停車場。

鉄道やバスができるのは十九世紀以後だから、それまでは人や馬が行く（旅する）道の、ところどころにあるステーション、日本語で言えば宿場《しゅくば》・宿《しゅく》ですね。

中国の辞書『漢語大詞典』を見ると、なんと站はモンゴル語から来たとある。「站」の項と「站赤」の項とあるのだが、まず站を見ます。日本語に訳して（なるべく元《もと》の語を用いて）示します。

〈モンゴル語J̌amの音訳。駅站。昔軍政文書を伝逓《でんてい》する人が中途で馬を換え、食事し泊りあるいは転逓《てんてい》する所。《元史・兵志四》「站は陸上では馬、牛、驢馬あるいは車を、

川では舟を用いる」〉

次に站赤の項。

〈モンゴル語 J̌amči の音訳。元代の駅站。《元史・兵志四》「元の制度、站赤は駅伝の訳名である。辺情を通達し、号令を布宣する。古人が言う、郵を置いて命を伝える、であり、きわめて重要なものである」〉

J̌am、J̌amči は昔のモンゴル語を今の辞典編纂者がローマ字で示したものです。全称が J̌amči で、略して J̌am と言っていたわけだ。政府が設けた施設であり、もっぱら公文書を送っていた。一般の旅人が飯を食ったり泊ったりする所ではない。文書送達者はてくてく歩くのではなく、施設の馬や車などを使えた。

　モンゴル語の発音は無論わからないが、まあ cham (chi) あたりでしょう。「站」は、字の意味は全然関係なく、純然たる音訳だったわけだ。これが後《のち》にだんだん、一般の人が食ったり泊ったりするステーションの意にも用いられるようになったのでしょう。

　站以前はどう言っていたか。郵あるいは置郵ですね。置は宿場の意味にも宿場を設けるの意味にも用いられる。「置郵」という言葉は『孟子』に出ているから古い。「徳之流行、速於置郵而傳命」（公孫丑上）とあります。

　唐の時代から驛（駅）と言うようになる。字を見ればわかるように、本来は宿場間を往来する馬です。それが唐の頃から宿場そのものを驛と言うようになる。唐以後だからわりあい新しい。驛は馬が交通手段だったことをよくあらわしている。元以後站と言うようになる。

日本でも宿場の固い雅な言いかたとして驛《えき》(駅)は使われていた。東海道三島宿《みしまのしゅく》を三島駅と言ったふうに。近代になって鉄道が入ってくると、ステーションを日本では駅と訳し、中国では站と訳したわけだ。なお「駅」は日本略字です。

日本が西洋式軍隊を作った時、なぜロジスティックを「兵站」などという、日本では他に使い道のないむずかしげな字を使って訳したのか存じません。こけおどしかもしれない。なお同様の意味でよく使われる言葉に「補給」がある。無論これは軍隊専用語ではないが、実際にはこれがよく用いられている。これなら誰にもわかる。

中国では「後勤」という言葉がよく用いられる。必ずしも「後方での勤務」ではなく後方と前線とのラインである。

「輜重」は必ずしも明治の日本軍がにわかに作った軍隊用語ではなくて、それまでにも「荷物を積んだ車」の意で用いられることがあったようである。たとえば辞書には福沢諭吉の『西洋事情』(一八六六―七〇)の「輜重を棄て」が引いてある。無論めったに使われない固い言葉である。日本軍はそれを多分英語の impedimenta の訳語として用いたのだろう。

輜も、ほかで見ることも使うこともないむずかしい字である。この字の右側は、ほかに糸偏や金偏やいくつかの字があるが、共通義があるようではなく、シの音を示しているだけである。

「輜」ないし「輜重」は中国の古典籍によく出てくる。荷物を（時に人を）のせた車である。軍の車が多い。

どうも昔の中国では、軍には車がつきもののようである。たしかに軍には多くの物資が必要だ。車はたくさんの物を積めるし、引いたり押したりして軍と共に移動できる。ただしそれは地面が平らな時である。地面がデコボコだったり山坂が多かったり樹木や灌木があったりしたら、動きがとれない。そういう条件では断然馬が便利だ。

昔の日本の戦《いくさ》を書いたものにはあまり車は出てこない気がする。

昔の中国の軍は、道路がある所や、下が平らな所でだけ戦争していたのだろうか。華北や黄河沿岸地域はもともと地面が平らだったのだろうか。

昔の中国の軍や戦争の話にはよく車（輜重）が出てきて、日本の話には馬が出てくるのは、広い中国と狭い日本とでは地理条件がちがうからなのだろうか。どうなのでしょうね？

勅語、奉安殿、御真影

宇都宮市の俊野文雄さんにすすめられて、志村五郎『記憶の切繪図』（'08筑摩書房）を読んだ。

著者志村氏は数学者。昭和五年（一九三〇）の早生れ、東京の人、十一年小学校入学、十七年中学校入学。

われわれの時代、昭和戦前生れは、ちょっと学年がちがうとずいぶん経験が違う。

『有鄰』（'04・8・10）の座談会「横浜の学童疎開」で鈴木昭三さんというかたが、「私たちの世代は、四年ぐらいの区切りで体験が違うんです」と言っていらっしゃった。昭和二年生れから六年生れぐらいまでが勤労動員世代、そのあとの四学年が疎開世代、そのあとが疎開は知らないが空襲は知っている世代、と。鈴木さん御自身は昭和十九年に六年生で疎開した疎開世代とのこと。——言われてみるとたしかに四年きざみくらいですね。

勤労動員というのは、戦争中、軍隊に取られた男たちの穴埋めとして、中等学校（中学校、高等女学校、各種男女実業学校等）および国民学校高等科の生徒たちを工場などに動員したことである。

志村先生はこの勤労動員世代で、三年生の時から戦闘機の部品を作る鉄工所へ行き、「その後いろいろの所で働いた」とのこと。わたしより七学年上だが、当時七年も上というとおじいさんの世代くらいの感じである。

その志村先生がこういうことを書いている。

〈小学校でいやだった事のひとつに祝祭日の「式」というのがある。いったい私はそのほか卒業式とか葬式とか式と名のつくものはすべてきらいである。だから当時の元日とか天長節とかの学校での式も大きらいであった。その式の様子は当時の学校に行った人なら誰でも知っているが、誰でも知っている事は記録されずに、次の時代には忘れられてしまうものである。また実際書かれたのを私は見たことがないので、その「当り前」ではあっても今の人は知らないだろうと思われる事を書いてみよう。〉

として十数行ほど書いているのだが、「御真影」と「奉安殿」と「教育勅語」が出てくるくらいのことで、志村先生もよくはおぼえていらっしゃらない、あるいはそもそも御存じないのである。御真影は天皇の写真、とあり、「実は天皇と皇后と並べた写真であったように思う」とも言う。わからないのである。

右引用に「学校での式も大きらいであった」とあるが、あんなものが好きだった子供がいたとは思えない。みな式はきらいであった。

当時の学校の式について、書かれたものを見たことがない、と志村先生は言う。言われてみるとわたしも見たことがない。だれも書いていないのだろう。

当時の子供が経験したことで、たとえば空襲のことや疎開のことや飢えのことは、書かれたものがいっぱい、無数に近いほどある。なぜ学校の式のことを書いた人がないのか。

一つは志村氏が言う通り、当時の子供なら誰でも知っている当り前のことだからである。

もう一つは、深刻な記憶ではないからであろう。B29の恐怖や、腹が減っておはじきを食った絵具を食ったなどの飢餓は、深刻な体験である。学校の式にはそういう深刻さはない。ひたすら退屈で、終ったらホッとしてみんなきれいに忘れる、という経験である。書いた人がなくて不思議でない。――なお、おはじきを食った絵具を食ったはいろんな人が書いているが、今の人にはわからないかもしれない。おはじきはガラス製で固いが、火にあぶるとふくれてやわらかくなり食えたのである。絵具は赤が一番甘かったと書いている人もあり黄色が一番甘かったと書いている人もある。もちろんおはじきと絵具だけ食ったのではない。食えそうなものなら何でも食ったのである（校閲さんによればおはじきは

「でんぷん製のようです」とのこと。へーえ。てっきりガラスだと思ってましたね）。

さて学校の式だ。式はしょっちゅうあった気がするが、われわれのころ最も多かったのは「大詔奉戴日」またの名「八の日」である。

昭和十六年（一九四一）十二月八日、日本は米英に宣戦して「大東亜戦争」が始まった。そこで翌一月から毎月八日を「大詔奉戴日」「八の日」としたのである。毎月だから年に十二回である。休み中でも八日は学校へ行った。朝七時半からだったような気がする。

だれも書いてないのならオレが書いといてやろう、と思ったのだが、いざとなると、何しろ七十年間一ぺんも思い出したことがないので、何をどういう順序でやったかわからない。わたしがハッキリおぼえているのは、教頭先生が勅語の巻物をのせたお盆を高く捧げ持って、体を前傾して静々と朝礼台に近づく。校長先生が受け取って、巻物を静かに開いて前にピンとのばした両手に持ち、荘重に読み始める、というシーンだけである。

わたしの同級生で子供のころのことを一番よくおぼえているのは磯部なので、「大詔奉戴日」「八の日」はどうだったっけと、自分の思い出せるかぎりの当時のことを手紙に書いて問いあわせた。同じく子供のころのことをよくおぼえている森谷にも同文コピーを送った。

磯部からすぐ電話があった。驚いたことに、なんにもおぼえてない。「大詔奉戴日」「八の日」ということばも知らない、と言う。わたしは、当時子供だった者なら当然だれでも、少くともそのことばはおぼえていると頭から思いこんでいたから、磯部あての手紙にも無論ふりがなはつけなかった。だから磯部は電話で、その話だのにそもそもこの字を読めない。「ダイ……?」「ハチ……?」と言っている。

わたしはここまでこの文で、この語にわざとふりがなをつけなかった。読者のみなさんはこれをどうお読みになりました?——はい、タイショウホウタイビ、ハチノヒ、です。大詔は、米英を討てという天皇陛下の詔《みことのり》、奉戴は、奉《たてまつ》り戴《いただ》く、である。八の日は毎月八日。

磯部に、「いまだにそんなことをおぼえとるんはお前だけじゃ」と電話口で笑われた。オレがおぼえているのは学校以外のことだ、と。

森谷は手紙で返事をくれた。「ホータイビ」ということばの記憶はある。校長先生が楠木父子や乃木大将の子供のころの梅干の話をしてくれた、と。楠木父子は正成《まさしげ》と正行《まさつら》、大楠公と小楠公である。乃木大将の梅干の話というのは小生知らない。

とにかく、大詔奉戴日の式次第を同級生の記憶に頼るのは無理らしい、とわかった。吉川弘文館『國史大辭典』に「大詔奉戴日」の項はあるがしごく簡単で「官公衙・学校・会社などにおける開戦の詔書奉読式」とあるのみ。校長先生が読んでいた勅語は開戦の詔書であったらしい。朝日新聞の一面トップの写真がつけてあり見出しに「大詔奉戴日を設定・毎月八日・戰爭目的完遂へ・國民運動を強力推進」とある。

中根美宝子さん（昭和十七年入学）の『疎開学童の日記』（中公新書）は毎月八日に「今日は大詔奉たい日だ。さうして午前の九時までに学校に行った。かうだうに行ってほり先生のおはなしをきいた。」「今日は大詔奉たい日だ。朝学校に行く時どの家にも美しい日の丸の旗が朝風にひらめいてゐた。学校ではお武《式》があった。」などと記載があるが、式次第まではない。朝七時半というのはわたしの記憶ちがいかもしれない。「八の日」ということばは『國史大辭典』にも小学館『日本国語大辞典』にも出てないから、今では全く忘れられたことばになっているようだ。

勅語奉読のあと必ず校長先生の話があった。わたしは森谷のように話の内容まではおぼえてないが、おぼえていることがある。校長先生の話の時は休めの姿勢（右足を斜め前へ出す）なのだが、話の中に「畏《かしこ》くも」または「恐れ多くも」が出てきた瞬間に気をつけの姿勢を取らねばならない。そこで校長先生の口からおもむろに「天皇陛下におかせられては……」が出る。校長先生の話なんかまるきり聞いてない連中でも「畏くも」「恐れ多くも」には瞬時に反応する。あれは戦争中の子供の条件反射であった。その部分がすむと校長は「休め」と言って話をつづける。また「畏くも」「恐れ多くも」が出ると気をつけ。そのくりかえしである。

磯部は「奉安殿の写真があった」と、わたしどもが出た学校が昭和四十七年に作った冊子『那波校の100年』のコピーを送ってくれた。わたしはそんな冊子があることも知らなかった。写真がたくさんついているがコピーだからあまりはっきりとはしない。奉安殿は昭和十年にできたのだそうで、わたしの記憶にうすぼんやりとあったのよりははるかに大きくて立派な建造物である。わたしのうすぼんやり記憶では縦横《たてよこ》とも一メートル強ぐらい、高さ二メートル弱くらい、コンクリート造りだったが、写真を見ると縦横とも十メートル以上、高さは基壇とも十メートル以上ありそうだ。神聖な建物だとは教えられたが、中に何が入っているかなんて考えたこともなかった。志村先生によると御真影がしまわれていたとのこと。学校が火事になっても御真影が焼けないようにと校舎から離して建てた耐火建築だったらしい。

わたしがおぼえているのは男の子の喧嘩である。弱い子が逃げ強い子が追っかける。逃げる子が奉安殿の前にさしかかると、立ちどまって最敬礼してまた逃げる。強い子はつかまえる寸前でもこの間は待っていて、弱い子の最敬礼がすんだあと自分もそこで最敬礼してまた追っかける。これも当時の子供の条件反射であった。

志村先生は東京の学校で、式は講堂である。校長が前もって御真影をうやうやしく捧げもって講堂に運び、正面壇上の壁のくぼみのカーテンの後に安置してある。式の途中で校長が壇に上ってカーテンの紐を引くと御真影が現れる、教頭の号令で皆が最敬礼する、とある。

わたしは、御真影を直接見たら目が潰れる、と教わったおぼえがある。磯部も森谷も御真影は見たことがないと言っている。講堂のある学校とわれわれのように運動場で式をやった学校との、御真影のあつかいのちがいだろうか。それとも昭和十年代初めごろと戦争中とのちがいだろうか。とにかくわれわれは、御真影が天皇の写真だったか天皇皇后の写真だったか知らないのである。

戦前戦中、火事や空襲の際に学校の先生は、子供たちの命を守るより御真影を守るほうが優先したとはよく聞くことである。御真影を焼いてしまって申しわけに切腹自殺した校長の話も聞いた。——ああこの御真影も、あるいは今の人はどう読むのかと思うかたがあるかもしれない。これはそのままでゴシンエイです。

勅語と言い奉安殿と言い御真影と言い、あとで考えてみればわれわれの子供のころの学校というのはばかばかしい限りのものであった。

「統一」のはなし

宇都宮市の俊野文雄さんにすすめられて、高橋輝次編著『増補版 誤植読本』（ちくま文庫）という本を読んだ。五十人あまりの文筆家・編集者・校正者等の、校正に関する文を集めたものである。

どなたもごぞんじのように校正というのは、書いたものを印刷物（書籍等）にする際に、事柄や文字について点検し、誤りがあれば正す作業である。なかでも誤植（字のまちがい）は目立つものだし、よく話題にもなるから、多くの人が触れている。それで題も『誤植読本』としたのだろう。ただし必ずしもすべてが誤植について書いたものというわけではない。いろいろなことが出てくる。

たとえば、高橋英夫さんがこういうことを書いている。――原稿に「興味ふかい」と書いた。校正刷を見ると「興味ぶかい」になっている。編集者は「興味ぶかい」が正しいと思ってそうなおしたのである。

高橋さんの対応は三通りあるそうだ。編集者が頑固そうなやつである時はおとなしくそれにしたがう。物分りのよさそうな人であれば「興味ふかい」で通させてもらう。面倒になりそうな時は「興味深い」と漢字にして逃げる。

「興味ふかい」か「興味ぶかい」か、なんて意識したことがなかったので、興味深く読みました（どちらでもお好みのよみかたでどうぞ）。なお高橋さんは、今日このごろの言葉は連濁が多すぎる、と言っていらっしゃる。文語で言ってみれば、「興味ふかし」「なさけふかし」「疑ひふかし」とみな清音ではないか、と。——なるほどねえ。

何人ものかたが「統一グセ」について不服を書いている。「統一」とは、一篇の文章のなかに出てくる同じことばは同じ表記に統一するという、一種の校正用語である。たとえば、ある所に「美しい」とあり、別の所に「うつくしい」とあったら、「統一してください」というわけだ。それを編者の高橋さんがあとがきで、「統一グセ」と呼んでいる。「統一したがる癖」ですね。

澁澤龍彥さんはこう書いている。

〈近ごろの校正者の通弊として、私がもっとも困ったものだと思うのは、やたらに字句の統一ということを気にする点である。これは画一的な学校教育や受験勉強の影響では

ないか、などと考えてしまうほどだ。「生む」と書こうが「産む」と書こうが、どっちでもいいのである。〉

山田宗睦さんはこう書いている（とびとびです。省略符号略）。

〈ところが、きょう日の「校正者」は、根本的にまちがっている。言葉・文章というのは生きものである。その言葉を、きょう日の「校正者」は、「統一」しようと志す。「……をミてみよう」「……をミた」のミはすべて、「み」か「見」のどちらかに「統一」すべきものであって、双方を混用していると、じつに懇切丁寧、岡っ引のようにすべてチェックして、全巻ことごとく、洗いあげる。〉

紀田順一郎さんはこう書いている。

〈著者の苦心を知らずして、機械的に用字の不統一を問題にしてくる例があり、これが最も困る。〉〈どうも近ごろは、機械的な統一を問題にする傾向が強くなっていて、著者をいらいらさせる。〉

どなたも「近ごろ」「きょう日」と言っているように、こういう傾向は戦後顕著になってきたのではないかと思う。

昔は、同じことばは表記を変えて変化をつけるのがむしろふつうだった。例は無数にあるが、たとえばたまたま手もとの上田秋成『膽大小心録』の初めの所にこうある。

〈人の歌なほして事広くして遊べよと云。答ふ。人の哥直すべき事知らずと云。〉

前に「歌なほして」と書いたから後は「哥直す」と変化をつけている。

ぐっと新しいところでこれも手もとの丸山眞男「日本ファシズムの思想と運動」（もと一九四八）から。

〈防空演習においていかに馬鹿馬鹿しい指導が行われたかはわれわれの記憶に尚新たですが、それはある程度まで、こうした中間層から出た班長や組長がばかばかしくしてしまつた面が少くない。〉

丸山先生の論文にはこの語がちょいちょい出てくる（それだけ戦前の日本にはばかばかしいことが多かったわけですね）。表記はたいてい「馬鹿馬鹿しい」だが、ここで後をかなに変えたのは単調になるのを避けたのである。

近い所の同語の表記を変えるのは、本居宣長『玉勝間』六に、「ふみをうつすに、同じくだりのうち、あるはならべるくだりなどに、同じ詞のあるときは、見まがへて、そのあひだなる詞どもを、写しもらすこと、つねによくあるわざ也」とあるように、うっかり間をとばしてしまう懸念があるからでもある。くだりは行《ぎょう》。右の文、前には「うつす」後には「写し」とするのもその顧慮かもしれない。あるいは単にちょっと気分で変えてみただけかもしれないが。

同様のことは印刷のばあいにもおこり得ること、この『誤植読本』に、幸田露伴が被害をこうむって釈明に大汗かいた次第がくわしく紹介されている。

しかし表記を変えるのは近い所とはかぎらない。中間脱落を防ぐためだけではない。むしろそれ以外のほうが多かろう。

山田宗睦さんは、「ミル」を漢字で書くかかなにするかは「もっぱら〈気分〉による」と言っている。この「気分」というのは含みが多いと思うが、「ニュアンス」とか「コンテキスト」と言うに近いばあいもあろう。「呼吸」とも言っている。もちろん単なる気分もあるだろう。

その「気分」にしたがって山田さんは「行ってみた」と書いたり「行って見た」と書いたりするのである。澁澤さんは「生む」と書いたり、「ここは産むだなあ」という気分にしたがって「産む」と書いたりするのである。上には引かなかったが紀田さんは「大方」と書いたり「おおかた」と書いたりするが、「これはその場の呼吸とか、字の続きぐあいとか」と言っている。

紀田さんはこまかい人である。日本語の文では行末に始《はじま》り括弧《かっこ》(「『など)が来ないようにするのがふつうである。その際は字間を少しづつつめて次行の頭の字を行末に持ってくるか、逆に字間を少しづつあけて始り括弧を次行頭に送るかする。紀田さんはこの微妙なつめすぎ・あきすぎが嫌いなのだそうだ。そういうばあいは、漢字をかなに開いて始り括弧を次行頭に送ったり、かなを漢字にして次行頭の字を前行末に吸収したりする。必然的に他の所との同語の表記不統一が生ずることもあり得るわけである。

よくあるのは山田さんが言っている次のケースだろう。わたしもやる。

〈日本人は文章を書くとき、漢字と仮名の分量についての感覚をはたらかせている。漢字の多い文章は固くて読みにくい。同じ言葉でも前後に漢字が多いとかなにし、かなの多い文章では漢字にすることがある。当り前のことである。〉

文章に漢字が多いと、紙面全体が黒っぽくなり、いかにもとっつきの悪い感じをあたえる。だからわたしはなるべく漢字のすくない文章を書くように心がけている。しかし日本語は分《わか》ち書《が》きをしないから、かな文字がつづくとどこがことばの切れめかわかりにくくなる。かえって読みにくい文章になる。そこで一つ漢字にする。そうするとそこが一語であることがはっきりし、前後も読みやすくなる。そのかわり、別の所では「いったい」なのにここは「一体」、というようなことが生じ得る。そんな時は悩みますね。何度も書いたり消したりまた書いたりする。

もちろん「気分」「呼吸」ということもあります。本書では、「語と字と意味」の項で

「漢字について威張った」と書き、先のほうで「毛沢東はいばった」と書いた。この時もずいぶんためらったが、やはりどうしてもそうしたかった。

日本語でこういう言わば融通無碍なことができるのは、正書法がないからである。昔の日本人は、一つことをいろんなふうに書けるのを、むしろ積極的に楽しんでいたようである。

近代になって、先進西洋諸国には正書法があることを知った日本政府は、日本語でも正書法を確立しようとし始めた。

それが法令の形をとって国民に指示されたのは昭和の戦後である。ただし厳密なものではない。そもそも厳密な正書法は日本語には無理である。たとえば「長いロープ」、「ながい一日だった」と書いた人があったとして、正書法は「長い」だ、「ながい一日」は正書法違反のまちがい、とは多分だれにも言えまい（小学校の先生は言うのかな？）。

しかしまあとにかく、表記を一定にする、という圧力が戦後おいおい強くなってきていることはたしかなようだ。今の編集者や校正者はそのなかで育ってきているから、やや年代が上のこの本の執筆者たちはいらいらするのかもしれない。山田さんはこう言っている。

〈こうなってきた理由は、さしずめ二つあると思う。一つは校正者のかなしい自己主張であり、もう一つは社会の管理化の進行である。〉

〈校正者のかなしい自己主張に加えて、世の管理社会的風潮が、たやすく「用語一統」にのりださせる条件になっている。管理の常道はユニ・システムにある。すべて規格を統一し、様式を統一し、例外を許さない。〉

宮尾登美子さんが書いている。校正の学校を出た人から、宮尾さんの作品中の誤りを拾い出したと、ずらりと列記した手紙が来た。見るとすべて、「上る」はまちがいで「上がる」が正しい、「失なう」はまちがいで「失う」が正しい、「懐しく」はまちがいで「懐かしく」が正しい、の類ばかりであったそうだ。

へえ、校正の学校というのはそういうことを教えるらしいね。でもそんなことだれがきめたんだろう。そりゃもちろん政府でしょうね。

今は、ほとんどの人が文章や手紙をパソコンで書く。パソコンは政府の指示に忠実に従っているのだろう。山田さんの言うユニ・システムになるわけである。

澁澤龍彥さんは一九二八年生れ、山田宗睦さんは二五年生れ。もうこの人たちの時代ではない。一篇の文章中だけでなく、世の中の文章中に「統一」が進むような気がする。

あとがき

この本は、講談社のPR誌『本』に連載した「漢字雑談」をまとめたものである。連載「漢字雑談」の第一回から第三十二回までの部分は、さきに二〇一三年、講談社現代新書『漢字雑談』として刊行した。本書はそのあとの、『本』二〇一二年十二月号所載第三十三回から、二〇一五年十二月号所載第六十九回（最終回）までをまとめたものである。

このうち、〈「人事を尽して天命を待つ」ふたたび〉は、いま読み返してみると、まことに不出来で、ゴタゴタしている。内容は、友人影山輝國が多種の資料をつけて手紙で教えてくれたことで、わたしがそれをこなしきれなくてゴタゴタになってしまったのである。

これは、極力読者の皆様に御理解いただけるように、すっかり書きなおした。

もう一つ〈「難易度」のことから〉は、雑誌発表後に影山から不出来だと注意され、言われてみるとまことにその通りでなおしようもないので、削除してこの本には入れなかった。

ただしもちろん、「難易度」という言葉がよくないというのではない。それについて書いたわたしの文の出来がよくなかったのである。

「難易度」という言葉自体は、珍しい言葉である。

「○○度」という言葉はいくつかある。「透明度」とか「信頼度」とか——。これらは「AB度」のAとBとが同義・類義である。AとBとが反義である語は「難易度」だけじゃないかと思う。

もちろん、「高低度」とか「深浅度」とか、言って言えないことはない。しかしふつうは「高度」「深度」と言う。それで足りている。同様に「難易度」も従前は「難度」と言っていただろう。

「難易度」という言いかたは一九八〇年前後のころにできたらしい。言い出したのは、中学校や高校の進学担当の先生がたではなかろうかと思う。入学試験のむずかしさの程度・やさしさの程度を「難易度」と言ったのだろう。他に同様の言いかたの多分ない、珍しい言葉だと思うわけです。

なおわたしが「難易度」という言葉を教えられたのは、産経新聞'14・2・12の清湖口敏さんの記事によってだった。清湖口さんが「難易度が高いとか低いとか、人はよく口にするが、難しさの程度をいうなら「難度」だけで足りるのに、……」と書いていらっしゃるのを見て、「そういえば時々見るような気がするなあ」と思ったのでした。

わたしは文を書いている時、一般のかたが聞いたらあきれるだろうような些細なことで迷い、悩む。ことがらはいろいろである。

今回は何度も出てくる「はじまる」をどう書くかでさんざん迷い、書きなおしたり消したりまた書きなおしたりをくり返した。

わたしは、漢字一字を訓よみして用いる日本語の動詞は、活用語尾を送ることにしている。

今の新聞その他一般の多くが、しばしば語幹部分から送ることは十分承知している。わたしはそれが好きでないので、昔通り活用語尾を送ることにしているわけです。

たとえば「おとす」を、今の新聞その他多くは「落とす」「落とした」「落とせば」のごとく書く。動詞「おとす」は、どなたもごぞんじの通り、「おと」が語幹で「す」が活用語尾である。この活用語尾部分が「さない」「しました」のごとく活用する。

わたしはこの語幹の「と」の部分から送るのが好きでないので、この語を漢字「落」を用いて書く時は「落す」「落さない」「落しました」のごとく書く。

なんで今は「落とす」と書くのか。以下はわたしの想像だが、「落す」と書くと学校の子供が、どうして「落ちる」の「落」の字は「お」だのに「落す」の「落」は「おと」なのですか、と先生に質問する。小さな子供に語幹だの活用語尾だのとむずかしい言葉を使うわけにゆかないから、先生は説明に難儀する。そこで政府が、「落」の字のよみは「お」、したがって「おとす」は「落とす」と書く、と決めて指令したんじゃなかろうか。──いや知りませんよ。知りたいとも思わない。まあそんなことなんじゃないかなあとわたしが勝手に想像するだけです。

でわたしは、自分一人の勝手なきめとして、活用語尾を送る。「おとす」を漢字「落」を用いて書く際は「落す」と書くことにしているわけです。

これでつごうが悪いのは、わたしがふつうに使う言葉では「あらわす」だけである。これを漢字「表」を使って活用語尾を送ると「表す」になる。しかしこれでは「あらわす」なのか「ひょうす」なのかわからない。だからこの語は語幹最終音から送って「表わす」と書くか、かなで「あらわす」と書くかすることにしている。

で「はじまる」のこと。これを漢字「始」を用いて書くばあい、わたしの原則では「始る」「始った」「始りました」等である。今新聞など一般には「始まる」「始まった」「始まりました」であることはよく知っている。

わたしの個人的きめは「活用語尾を送る」だが、もう一つ、ややゆるいきめ・方針がある。「なるべく世間一般に従う、極力しいて異を立てないようにする」である。それなら今では世間一般の「始まる」「始まりました」等に従うことになる。

さあそこで「始る」か「始まる」かが分裂し、書いてはなおし、またもとにもどし、また書きなおし、と迷いに迷い、悩みに悩むことになったわけです。

わたし個人の好みはもちろん「始る」である。しかし今では世間一般たいてい「始まる」になっている。パソコンでたとえば「はじまった」と打って変換ボタンを押すと「始まった」が出てくる、ということになってるんじゃないかしら。知りませんけど。

で世間一般がそうなっている以上、極力異を立てないのがわたしの方針の一つだから、それに従っておいたほうが穏当なんじゃないか。「始った」では、「こりゃ何とよむんだ」あるいは「『ま』が落ちてるぞ」などと思う読者のかたがあるかもしれない。わたしの書いたものをおよみくださる読者のかたに無用の疑念や混乱をあたえるのは、もとよりわたしの本意ではない。

そこで、迷い、悩み、書き改め、をくり返すことになったわけです。

それで最後は、世間一般に従うことにした。それについては自分なりに、左のようなリクツを考えた。

「はじめる」「はじまる」（順番はどっちでもいい）は、「はじめる」の語幹は「はじ」で「める」が活用語尾である。「はじまる」は「はじま」が語幹で「る」が活用語尾である。国語辞典でそうなっている。

これは、日本文字で書くばあい、一音の途中で切ることはできないからそうなるのだろう。

ローマ字だと、一音の途中でわけることができる。「はじめる」はhajimeru、「はじまる」はhajimaruである。hajimまでの所が共通している。それにeruをつけたのが「はじめる」、aruをつけたのが「はじまる」である。

この方式だと、共通しているhajimが語幹で、eruとaruの部分が活用語尾だと考えることができる。「はじめた」hajimetaと「はじまった」hajimattaなら、hajimが語幹で、etaとattaが活用語尾ということになる。

日本文字ではそれができないから、「はじめる」は「はじ」が語幹、「はじまる」は「はじま」が語幹、とずいぶんちがうみたいになっている。国語辞典がなぜそうしたのかは知りませんけど。

漢字を用いて日本文字で書くばあい、「はじめる」を「始る」と書いたのではわからないから、必然的に「始める」と書くことになる。「はじめる」の「め」を語幹と語尾とに分割することはできないから、「め」全体を語尾にする。

しかしローマ字で考えてhajimが語幹、「はじめる」はeruが語尾、「はじまる」はaru

が語尾、と思えば、「はじまる」を「始まる」と書くのは、ぼくの感覚とはちょっと合わないけれども、「ま」をローマ字maのように途中で分割することはできないのだから、「ま」全体を活用語尾のような見た目にして、「始まる」と書くのもリクツが通らぬわけではない。

そう考えて「はじまる」は「始まる」と表記することにいたしました。

もちろん「はじめる」「はじまる」だけではない。「あつめる」「あつまる」なども同じことである。

上に言った「おとす」と「おちる」もそうである。国語辞典では「おとす」の語幹は「おと」、「おちる」の語幹は「お」だが、ローマ字で考えてotosu・otiruだからどちらもotが語幹、活用語尾がosuとiruだと思えば、「落とす」「落ちる」の表記にもリクツは通らぬことはない。わたしはとても「落とす」と書く気にはなれませんけどね。それくらいだったらかなで「おとす」と書く。

なおこういう問題がおこるのは、共通語幹部分を持つ他動詞と自動詞のばあいだけなんじゃないかと思う。たとえば「たたかう」には「戦う」か「戦かう」かといった問題は生じない。

語幹上部共通の他動詞と自動詞のセットには「だす」と「でる」のセット、漢字で書けば「出す」と「出る」のセットを含む。これはもともと「いだす」と「いづ」のセットであるし、口語でもローマ字で書けばdasuとderuであるから、語幹共通部分を持つと考えてよい。

この本には「畏友影山輝國」が何度も出てくる。影山は古くからのわたしの親しい友人である。この本のもとになった駄文をPR誌『本』に書いていた時も、毎度ていねいに読んで、まちがっている所、足りない所を指摘してくれた。この本に収録するにあたっては、わたしがもともとちゃんとわかっていたみたいに書きなおすことは極力せず、影山にこう教えられました、と書くように心がけた。

したがってこの本は、影山の好意にみちた援助、教示によってできたようなものである。おわりにあたってあらためて影山にあつくお礼を申しあげる。

この本のもとになった原稿は、現在講談社学芸クリエイトにいらっしゃる上田哲之さんのおすすめによって書き始め、毎回上田さんに送り、このたび本にするにも上田さんの多大のおせわになった。しるしてお礼申しあげます。

高島俊男

二〇一六年二月

講談社現代新書　2367

漢《かん》字《じ》と日《に》本《ほん》語《ご》

二〇一六年四月二〇日第一刷発行　二〇二一年三月二二日第三刷発行

著者　高《たか》島《しま》俊《とし》男《お》

発行者　鈴木章一
発行所　株式会社講談社
東京都文京区音羽二丁目一二―二一　郵便番号一一二―八〇〇一
電話　〇三―五三九五―三五二一　編集（現代新書）
〇三―五三九五―四四一五　販売
〇三―五三九五―三六一五　業務
装幀者　中島英樹
印刷所　豊国印刷株式会社
製本所　株式会社国宝社
定価はカバーに表示してあります　Printed in Japan

N.D.C.810　329p　18cm
ISBN978-4-06-288367-2

「講談社現代新書」の刊行にあたって

教養は万人が身をもって養い創造すべきものであって、一部の専門家の占有物として、ただ一方的に人々の手もとに配布され伝達されうるものではありません。

しかし、不幸にしてわが国の現状では、教養の重要な養いとなるべき書物は、ほとんど講壇からの天下りや単なる解説に終始し、知識技術を真剣に希求する青少年・学生・一般民衆の根本的な疑問や興味は、けっして十分に答えられ、解きほぐされ、手引きされることがありません。万人の内奥から発した真正の教養への芽ばえが、こうして放置され、むなしく滅びさる運命にゆだねられているのです。

このことは、中・高校だけで教育をおわる人々の成長をはばんでいるだけでなく、大学に進んだり、インテリと目されたりする人々の精神力の健康さえもむしばみ、わが国の文化の実質をまことに脆弱なものにしています。単なる博識以上の根強い思索力・判断力、および確かな技術にささえられた教養を必要とする日本の将来にとって、これは真剣に憂慮されなければならない事態であるといわなければなりません。

わたしたちの「講談社現代新書」は、この事態の克服を意図して計画されたものです。これによってわたしたちは、講壇からの天下りでもなく、単なる解説書でもない、もっぱら万人の魂に生ずる初発的かつ根本的な問題をとらえ、掘り起こし、手引きし、しかも最新の知識への展望を万人に確立させる書物を、新しく世の中に送り出したいと念願しています。

わたしたちは、創業以来民衆を対象とする啓蒙の仕事に専心してきた講談社にとって、これこそもっともふさわしい課題であり、伝統ある出版社としての義務でもあると考えているのです。

一九六四年四月　野間省一

哲学・思想Ⅰ

66 哲学のすすめ──岩崎武雄
159 弁証法はどういう科学か　三浦つとむ
501 ニーチェとの対話──西尾幹二
871 言葉と無意識──丸山圭三郎
898 はじめての構造主義　橋爪大三郎
916 哲学入門一歩前──廣松渉
921 現代思想を読む事典　今村仁司 編
977 哲学の歴史──新田義弘
989 ミシェル・フーコー　内田隆三
1001 今こそマルクスを読み返す　廣松渉
1286 哲学の謎──野矢茂樹
1293 「時間」を哲学する──中島義道

1315 じぶん・この不思議な存在──鷲田清一
1357 新しいヘーゲル──長谷川宏
1383 カントの人間学──中島義道
1401 これがニーチェだ──永井均
1420 無限論の教室──野矢茂樹
1466 ゲーデルの哲学──高橋昌一郎
1575 動物化するポストモダン　東浩紀
1582 ロボットの心──柴田正良
1600 ハイデガー＝存在神秘の哲学──古東哲明
1635 これが現象学だ──谷徹
1638 時間は実在するか　入不二基義
1675 ウィトゲンシュタインはこう考えた　鬼界彰夫
1783 スピノザの世界──上野修

1839 読む哲学事典──田島正樹
1948 理性の限界──高橋昌一郎
1957 リアルのゆくえ──大塚英志 東浩紀
1996 今こそアーレントを読み直す──仲正昌樹
2004 はじめての言語ゲーム──橋爪大三郎
2048 知性の限界──高橋昌一郎
2050 超解読！　はじめてのヘーゲル『精神現象学』　竹田青嗣 西研
2084 はじめての政治哲学　小川仁志
2099 超解読！　はじめてのカント『純粋理性批判』　竹田青嗣
2153 感性の限界──高橋昌一郎
2169 超解読！　はじめてのフッサール『現象学の理念』──竹田青嗣
2185 死別の悲しみに向き合う──坂口幸弘
2279 マックス・ウェーバーを読む──仲正昌樹

哲学・思想Ⅱ

13 論語―貝塚茂樹
285 正しく考えるために 岩崎武雄
324 美について―今道友信
1007 日本の風景・西欧の景観―オギュスタン・ベルク 篠田勝英 訳
1123 はじめてのインド哲学 立川武蔵
1150 「欲望」と資本主義―佐伯啓思
1163 「孫子」を読む―浅野裕一
1247 メタファー思考―瀬戸賢一
1248 20世紀言語学入門 加賀野井秀一
1278 ラカンの精神分析―新宮一成
1358 「教養」とは何か―阿部謹也
1436 古事記と日本書紀 神野志隆光
1439 〈意識〉とは何だろうか 下條信輔
1542 自由はどこまで可能か 森村進
1544 倫理という力―前田英樹
1560 神道の逆襲―菅野覚明
1741 武士道の逆襲―菅野覚明
1749 自由とは何か―佐伯啓思
1763 ソシュールと言語学―町田健
1849 系統樹思考の世界―三中信宏
1867 現代建築に関する16章 五十嵐太郎
2009 ニッポンの思想―佐々木敦
2014 分類思考の世界―三中信宏
2093 ウェブ×ソーシャル×アメリカ 池田純一
2114 いつだって大変な時代―堀井憲一郎
2134 いまを生きるための思想キーワード―仲正昌樹
2155 独立国家のつくりかた 坂口恭平
2167 新しい左翼入門―松尾匡
2168 社会を変えるには―小熊英二
2172 私とは何か―平野啓一郎
2177 わかりあえないことから 平田オリザ
2179 アメリカを動かす思想 小川仁志
2216 まんが 哲学入門―森岡正博 寺田にゃんこふ
2254 教育の力―苫野一徳
2274 現実脱出論―坂口恭平
2290 闘うための哲学書―小川仁志 萱野稔人
2341 ハイデガー哲学入門 仲正昌樹
2437 ハイデガー『存在と時間』入門―轟孝夫

日本史Ⅰ

1258 身分差別社会の真実——斎藤洋一・大石慎三郎
1265 七三一部隊——常石敬一
1292 日光東照宮の謎——高藤晴俊
1322 藤原氏千年——朧谷寿
1379 白村江——遠山美都男
1394 参勤交代——山本博文
1414 謎とき日本近現代史 野島博之
1599 戦争の日本近現代史 加藤陽子
1648 天皇と日本の起源 遠山美都男
1680 鉄道ひとつばなし——原武史
1702 日本史の考え方——石川晶康
1707 参謀本部と陸軍大学校 黒野耐
1797 「特攻」と日本人——保阪正康
1885 鉄道ひとつばなし2——原武史
1900 日中戦争——小林英夫
1918 日本人はなぜキツネにだまされなくなったのか 内山節
1924 東京裁判——日暮吉延
1931 幕臣たちの明治維新 安藤優一郎
1971 歴史と外交——東郷和彦
1982 皇軍兵士の日常生活 一ノ瀬俊也
2031 明治維新 1858-1881 坂野潤治・大野健一
2040 中世を道から読む——齋藤慎一
2089 占いと中世人——菅原正子
2095 鉄道ひとつばなし3——原武史
2098 戦前昭和の社会 1926-1945——井上寿一
2106 戦国誕生——渡邊大門
2109 「神道」の虚像と実像 井上寛司
2152 鉄道と国家——小牟田哲彦
2154 邪馬台国をとらえなおす——大塚初重
2190 戦前日本の安全保障——川田稔
2192 江戸の小判ゲーム——山室恭子
2196 藤原道長の日常生活 倉本一宏
2202 西郷隆盛と明治維新 坂野潤治
2248 城を攻める 城を守る——伊東潤
2272 昭和陸軍全史1——川田稔
2278 織田信長〈天下人〉の実像 金子拓
2284 ヌードと愛国——池川玲子
2299 日本海軍と政治——手嶋泰伸

Ⓖ

日本語・日本文化

105 タテ社会の人間関係　中根千枝
293 日本人の意識構造——会田雄次
444 出雲神話——松前健
1193 漢字の字源——阿辻哲次
1200 外国語としての日本語——佐々木瑞枝
1239 武士道とエロス——氏家幹人
1262 「世間」とは何か——阿部謹也
1432 江戸の性風俗——氏家幹人
1448 日本人のしつけは衰退したか——広田照幸
1738 大人のための文章教室　清水義範
1943 なぜ日本人は学ばなくなったのか——齋藤孝
1960 女装と日本人——三橋順子
2006 「空気」と「世間」——鴻上尚史
2013 日本語という外国語　荒川洋平
2067 日本料理の贅沢——神田裕行
2092 新書　沖縄読本——下川裕治 仲村清司　著・編
2127 ラーメンと愛国——速水健朗
2173 日本人のための日本語文法入門——原沢伊都夫
2200 漢字雑談——高島俊男
2233 ユーミンの罪——酒井順子
2304 アイヌ学入門——瀬川拓郎
2309 クール・ジャパン!?　鴻上尚史
2391 げんきな日本論——橋爪大三郎 大澤真幸
2419 京都のおねだん——大野裕之
2440 山本七平の思想——東谷暁